Wegweiser

Kunst für München im öffentlichen Raum 1972–1997

Petra Giloy-Hirtz

Wegweiser Kunst für München im öffentlichen Raum 1972–1997

Herausgegeben
von Helmut Friedel
im Auftrag des Baureferates
der Landeshauptstadt
München

Hugendubel

Inhalt

Neue Räume im Stadtbild besetzen

»Kunst ist schön«, sagte Karl Valentin einmal, »macht aber viel Arbeit.« Wie wahr! Jeder Künstler kann das bestätigen. Und wie steht es mit der Kunst im öffentlichen Raum? Sie ist auch manchmal schön, macht aber immer Ärger. Jeder Kommunalpolitiker weiß, wovon ich rede. Aber ich will nicht falsch verstanden werden: Dies ist nicht als Abkanzelung, nicht als Absage zu verstehen, ganz im Gegenteil – produktiven Ärger zu stiften gehört zu den vornehmsten Aufgaben der Kunst im öffentlichen Raum – sonst wäre sie ja keine. Breite Zustimmung kann man anderswo ernten.

Der Ärger beginnt schon, bevor die Kunst kommt. Da wird sie noch lauthals vermißt: von den Künstlern natürlich, die gerne öffentliche Aufträge einheimsen würden. Gerade die einheimischen müßten endlich einmal ... Da heißt es streng sein. Die Möblierung der Straßen und Plätze mit Beliebigkeiten wäre kein Fortschritt, sondern nur peinlich. Dann folgt die Kritik der Feuilletons: Wo bleibt die kühne Geste der Avantgarde? Gefällt sich München nicht immer noch als Museum des 19. Jahrhunderts, wie Ludwig I. es ebenso schwülstig wie holpernd beschworen hat:

»Münchens Kunstausstellung suche Du nie in den Sälen
Der Ausstellung selbst; schaue Du München Dir an.«

Schluß also mit Brunnenbuberln und tanzenden Mädchen, weg mit Rehlein und Schildkröten, her mit großer Kunst! Wird das Kunstwerk aber endlich aufgestellt, verstummen alle, die es einst gefordert haben. Statt dessen der Aufschrei der Anwohner, das Kopfschütteln der Passanten, die Proteste der Elternschaft: »Nichts gegen moderne Kunst, aber gerade vor der Schule ... zwei rostige Platten – dafür ham's Geld!« Das Feuilleton hat sich verflüchtigt, Ratlosigkeit bleibt. Also lieber keine Kunst im öffentlichen Raum – oder nur doch gefällige, mehrheitsfähige? Natürlich nicht.

Aber mit belesener Arroganz läßt sich der Unmut der vielen auch nicht aus der Welt schaffen. Wer den öffentlichen Raum prägen will, muß sich auf die öffentliche Auseinandersetzung einlassen. Ich denke da an Rudolf Wachters schräggestellten Tropenbaum am Edelweißplatz. Nachdem der Anwohnerprotest wochenlang die Zeitungsspalten gefüllt hatte, lud ich zu einer Diskussion mit dem Künstler ein. Der Saal war proppenvoll, die Stimmung der meist älteren Teilnehmer gereizt. Dann Aha-Erlebnis Nummer eins: Der Künstler ist kein ausgeflippter Jugendlicher, sondern ein Vertreter der eigenen Generation, sogar kriegsbeschädigt. Komisch, daß so einer so einen Schmarrn ... Aha-Erlebnis Nummer zwei: Der Mann konnte so über Holz, über Urwaldriesen, über industrielle Fertigung und Natursterben sprechen, daß alle im Saal spürten, hier geht es um etwas Wesentliches. Und zum Schluß, wie im Bilderbuch, Applaus für den Künstler: Warum hat man uns das nicht gleich gesagt?

Diesen Dialog würde ich mir öfter wünschen: Statt wechselseitigem Naserümpfen mehr Neu-Gier beim Publikum, weniger Hochmut bei den eingeweihten Akteuren, seien es Künstler oder Auftraggeber, Kritiker oder Kulturverwalter.

Die bewußte Wahrnehmung ist der erste Schritt zu einer konstruktiven Auseinandersetzung. Dieses Buch erleichtert sie. Viele bedeutende Skulpturen müssen leider mühsam im verborgenen aufgespürt werden (wie Max Bills konstruktivistische Arbeiten im Hof des Europäischen Patentamtes in der Bayerstraße) oder in neuen Siedlungsgebieten am Stadtrand (wie Albert Hiens »Objekt im See« in Neuperlach) oder gar außerhalb der Stadt im Untergrund (wie Keith Sonniers Lichtinstallation am Personenbeförderungsband des Flughafens). Nur die wenigsten sind so zentral plaziert wie Jonathan Borofskys »Walking Man« vor der Münchner Rück auf der Leopoldstraße, Dan Flavins gewöhnungsbedürftige Neonlampen-Installation vor dem Lenbachhaus, Rupprecht Geigers »Gerundetes Blau« vor dem Gasteig, Albert Hiens Trompete zwischen Gasteig und Gema-Gebäude oder Alf Lechners Arbeiten bei der Alten Pinakothek, am Königsplatz oder »hinter« dem Maximilianeum.

Wer sich die Fülle vor Augen führt, die in diesem Band dokumentiert ist, wird vielleicht nicht in jedem Einzelfall Beifall spenden wollen, aber doch zugeben müssen: Der öffentliche Raum Münchens ist keineswegs nur museal früheren Jahrhunderten zugewandt – er spiegelt vielmehr das aktuelle Kunstgeschehen wider, lädt zur Betrachtung ein, fordert zu Kontroversen heraus. »Allen recht getan, ist eine Kunst, die keiner kann«, sagt der Volksmund. In Wahrheit ist es noch schlimmer: Es allen recht tun zu wollen wäre keine Kunst – denn Kunst ist kein Zierat für Plätze, kein Füller städtebaulicher Lücken, kein Pflanzenersatz auf Wiesen und kein Dekor für fade Fassaden; sie soll nie beliebig, angepaßt, hübsch sein, sie muß an- und aufregen, vorgefundene Situationen verändern, neue Sichtweisen beibringen. Wie gesagt: Sie ist manchmal schön, macht aber immer Ärger. Und das ist gut so.

Christian Ude
Oberbürgermeister der Landeshauptstadt München

Kunst als kommunaler Auftrag

Nahezu auf Schritt und Tritt begegnen wir im »alten« München der bildenden Kunst – auf Plätzen und Wegen, in Höfen und Parkanlagen. Wichtige Figuren beherrschen Räume wie den Wittelsbacherplatz oder die Maximilianstraße. Von weitem schon kann man den Friedensengel leuchten und die Bavaria winken sehen. Die Menschen polieren im Vorbeigehen die Nasen der Löwen vor der Residenz, umlagern den Salomebrunnen in der Fußgängerzone oder lümmeln auf den Steinen des Rinderbrunnens. Ob Kurfürst Max hoch zu Roß oder Merkur auf dem Brunnen, ob in der Ludwigstraße oder auf dem Viktualienmarkt – die Skulpturen und Brunnen aus vergangenen Tagen, jeweils entstanden im Geiste ihrer Zeit, prägen das Stadtbild Münchens kräftig mit. Sie geben den Orten Identität und den Menschen ein vertrautes Umfeld. Sie werden von den Leuten geachtet, ja sogar geliebt.

Wie aber steht es mit der aktuellen Kunst im öffentlichen Raum, mit den Skulpturen und Standbildern aus unseren Tagen? Was empfinden wir bei ihnen, was wissen wir über sie? Wo treffen wir sie an? Wie oft schon waren Laien rätselnd vor einem Objekt gestanden, und wie gerne hätten Kunstsinnige auf einem Wochenendspaziergang mehr über die in München entstandene, hervorragende neue Kunst erfahren!

Zu mehr als 150 modernen Kunstwerken führt uns nun der »Wegweiser« und macht damit auch deutlich, in welchem Umfang zeitgemäße bildende Kunst vor allem in den letzten 20 Jahren im öffentlichen und – mehr oder weniger – öffentlich zugänglichen Raum entstanden ist.

Es wird insbesondere ein Zeitraum umschrieben, der von der Forderung nach Qualität als oberstem Kriterium auch bei der »Kunst am Bau und im öffentlichen Raum« geprägt ist. Bei der Stadt München als öffentlichem Auftraggeber hat die Qualitätsdiskussion u.a. dazu geführt, daß in der vom Stadtrat berufenen Beraterkommission die Künstlerinnen und Künstler die Mehrheit bilden und so fachliche Gesichtspunkte bei der Auswahl der Kunstwerke den Ausschlag geben.

Kompromißlose Arbeiten haben es aber manchmal ganz besonders schwer, Akzeptanz auch in der Bevölkerung zu finden. Nicht selten werden sie – weil ungewohnt oder unverstanden – als Fremdkörper empfunden und abgelehnt. Der hervorgerufene Mißmut prasselt dann schonungslos auf die öffentlichen Mandatsträger und die Stadtverwaltung nieder. Er wird von den Medien gerne aufgegriffen und in einer Weise vervielfältigt, daß man meinen könnte, die ganze Stadt lehne sich gegen ein Kunstwerk auf. Erfreulicherweise ist die Realität doch anders, wie das Umfrageergebnis eines bekannten Meinungsforschungsinstituts belegt: Nach dem Motto »Leben und leben lassen« sind über 70 Prozent der Münchner Bevölkerung bereit, auch ein ungewohntes Kunstwerk zu tolerieren, wenn es von der Fachwelt als erstklassig anerkannt ist.

Kunstwerke für den öffentlichen Raum sind Teil des dort herrschenden Alltags. Ob in Schulen oder Kindergärten, Verwaltungsgebäuden oder Bahnhöfen, Straßen oder Grünanlagen – stets sind sie dem örtlichen Geschehen ausgeliefert. Ihre Situation ist bekanntermaßen eine ganz andere als im Museum: Sie stehen in einer besonderen räumlichen Beziehung zur

Architektur und in einer sozialen zum jeweiligen Umfeld. Diese zu erkennen und zu bewältigen ist für die Kunstschaffenden keine leichte Aufgabe. Insbesondere auf unseren Straßen, Wegen und Plätzen ist das Alltagsumfeld extrem ruppig. Hier stören nicht nur die vielen Autos – die Kunst hat auch zu kämpfen mit einer Unmenge an »Einrichtungsgegenständen« wie Verkehrszeichen, Litfaßsäulen, Telefonhäuschen, Wertstoffcontainern und vielem anderem mehr.

Bei allem Durchsetzungsvermögen, das starken Arbeiten eigen ist, braucht deshalb auch neue Kunst im öffentlichen Raum Verständnis, Unterstützung und Respekt.
Der »Wegweiser« möge dazu beitragen.

Horst Haffner
Baureferent der Landeshauptstadt München

»Die Stadt ist meine Leidenschaft«
Neue Kunst am alltäglichen Ort

»Aus der Begrenzung der eigenen Gedanken und vier Wände hinaus in die Öffentlichkeit der Straße.«* Vom Lenbachhaus hinüber zum Kunstbau leuchten siebenmal Säulen mit gelben Leuchtröhren den Weg. Scheinbar unspektakulär wie Ampellicht und Straßenbeleuchtung geben sie unmittelbar nur ihre bloße Funktion zu erkennen: *lamp lighting*. Und doch sind sie Eingriff in die Normalität, leise Verschiebung des Gewohnten knapp oberhalb der Wahrnehmungsschwelle.

Sieben Betonsäulen erheben sich unscheinbar vor der Fachhochschule aus dem studentischen Getriebe rechts und links der Lothstraße. Wer die Blickrichtung ändert und die Augen hebt, findet unvorhergesehen »im heiteren Himmel« sieben glänzende Aluminiumgefäße. So entdeckt sich im Innehalten und Schauen das Stille, das Wunderbare.

Alternierend rot/gelb/blau gefaßt sind die Wände des ovalen Treppenhauses in der Oberfinanzdirektion. Was beim »Einstieg« eher als anonym dekorativer Anstrich wirkt, entfaltet sich im Auf- und Absteigen als Sensation einer begehbaren Skulptur. Die eigene Körperbewegung eröffnet in Relation zu den Rhythmen der statischen Farbzonen ein intensives Erleben von Farbe und Raum.

Eine Treppe windet sich im Innenhof des Goethe-Instituts in den Himmel. Sie verschränkt die Sprache des Alltags mit der universalen Sprache der Symbole. Und sie demontiert beide Systeme, indem sie drei Spindeltreppen ineinander verschränkt und durch ein Gitter versperrt. Die Treppensäule, deutlich Widerpart zu der sie umgebenden Architektur, transportiert herkömmliche Bedeutungen

(Himmelstreppe, Kreis, Spirale, Aufstieg ...) und ironisiert sie zugleich durch die Verwandlung in Funktionslosigkeit.

Die industriell gefertigten Beleuchtungskörper des amerikanischen Minimalisten Dan Flavin, die »Einrichtungen im Straßenraum« des Berliner Künstlers Norbert Radermacher, der »Gleichklang von Architektur und Bild« bei Gerhard Merz oder die Verfremdung des Gewöhnlichen der »Freitreppe« von Olaf Metzel: Dies sind Beispiele für neue »Stücke« im Gefüge der Stadt, die auf je eigene Weise sich einmischen in Alltagserfahrung. Es sind Merk-Male profaner Räume außerhalb der Reservate der Kunst, die durch Provokation oder exteme Zurückhaltung die traditionelle Rhetorik von Monumenten unterlaufen.[1]

Wie viele Orte in der Stadt sind markiert durch neue Kunst: Skulpturen aus Stein, Holz, Metall, Glas und Beton, Säulen, Kuben, Pyramiden und natürlich Figuren, weibliche sitzend und liegend und aufrechte Heroen, Brunnen, Neoninstallationen und Bilder, Wandmalerei und Fotografie, Reliefs, Wortfriese – eine Kollektion von fröhlicher Mannigfaltigkeit der Stile und Intentionen lokaler Künstler und internationaler Virtuosen.

»Gegen die Dimensionen der Stadt sind die Stücke klein.«* Die Stadt selbst ist ja lebendige Skulptur – Grün Orange Rot Orange Grün –, Tausende Male ein Ameisenhaufen in Bewegung, eilende Menschen, parkende Autos; Reklame für konsumgeile und erblindete Augen; Verkehrsknoten, idyllische Winkel, große Plätze, kleine Plätze, zum Himmel hin offen, U-Bahn-Stationen, Parkanlagen, künstliche Seen; Behördenflure und Wartezonen,

Pausenhöfe und Krankenhauseingänge, Kulturzentrum und Literaturhaus, Friedhof und Feuerwehr, Wetterdienst und Landratsamt; Fassaden, Innenhöfe, Treppenhäuser, Foyers von Banken und Versicherungen, die geweihten Areale der Museen, erschlossene Neubaugebiete.

Wird hier die Kunst entdeckt? Wem ist sie eine Augenweide, wem ein Ärgernis? Wer sieht sie überhaupt? Der Dachgeschoßbewohner, Parker, Radfahrer, zufällige Passant, der tägliche Pendler, der Flaneur? Und wenn er schaut, schaut er gleichgültig, verstört, neugierig, inspiriert, die sinnliche Aura erspürend, hingegeben der Kontemplation, auf Widerständigkeit mit Widerstand reagierend?

Es gibt stolze, unübersehbare Zeichen zeitgenössischer Kunst in München wie Jonathan Borofskys gigantischer »Walking-Man« in der Leopoldstraße und unauffällig in den Raum Integriertes. Vieles aber auch ist versteckt, verunglimpft und versehrt! Überwuchert von Pflanzen, verschwunden unter Tünche, verdeckt von Containern. Abgeblättert die Farbe, verfleckt, von Graffiti zugesprüht, durch Werbung geschmäht, der Brunnen nicht mehr Brunnen, der Leuchtkasten nicht mehr licht. Verwahrlosung, allzu Fragiles, technisch Kompliziertes – teure Anfälligkeit, Kurzlebiges für rasendes Tempo.

Kunst für die Stadt – nach den gescheiterten, traurig berühmten Ergebnissen der Nachkriegszeit, im Sog noch der neuen Lust am Stadtraum seit dem Ende der siebziger Jahre mit ihren Skulpturen-Projekten und Debatten und vor dem Szenario der Stadt an der Jahrtausendwende – da fragt sich allenthalben, ob es den einfühlsamen Dialog der Kunst mit dem

Raum geben kann, die Verwandlung alltäglicher Banalität, die erzählerische Aufladung des Ortes, die Kommunikation mit historisch Gewachsenem. Vermag Kunst im urbanen Umfeld »Wunden« zu heilen, Nachdenklichkeit zu stimulieren, Stille erfahrbar werden zu lassen, zu erinnern, zu mahnen? Kann Kunst »wirkliche Orte, wirksame Orte« schaffen, »sozusagen Gegenplazierungen oder Widerlager, tatsächlich realisierte Utopien, in denen die wirklichen Plätze innerhalb der Kultur gleichzeitig repräsentiert, bestritten und gewendet sind, gewissermaßen Orte außerhalb aller Orte«?[2]

Wer die Zukunft erforscht, sagt: Die Kultur hat keinen wirklichen Ort mehr. Die Stadt wird gesichtslos, die Stadt wird unsichtbar. Die Menschen selbst bringen sie zum Verschwinden. Die Expansion medialer Strukturen, die Ablösung des Raumes und der Zeit von sozialer Intensität und Erfahrung »entstofflichen« die Wirklichkeit. Statt der Stadt globale virtuelle Urbanität.[3]

Trophäenrelief am ehemaligen Kriegsministerium, Ludwigstraße 14

Aber noch ist die Stadt höchst konkreter Raum leiblich wahrnehmbarer Welt. Dem Bewohner und Betrachter bietet sie sich dar als Ort simultaner architektonischer und künstlerischer Ensembles verschiedener historischer Epochen. Das Stadttor, der Marktplatz, die Pfarrkirche, der Alte Hof, das Zeughaus – Relikte noch aus dem Mittelalter, und Zeugnisse der Renaissance: die Arkadenhöfe und Brunnen; barocke Paläste und Künstlerhäuser, Gartenschlößchen des Rokoko und der Park; die Leistungen des 19. Jahrhunderts, die das Gesicht der Stadt prägen: Residenz, Akademie, Universität, Hof- und Nationaltheater, Plätze, Brücken ... Das »alte München« ist reich

»Harmlos«, Kopie der Marmorskulptur von F. J. Schwanthaler, 1805, Hofgarten

Reiterdenkmal für Kurfürst Maximilian I., Wittelsbacher Platz

geschmückt: Ornamente, Masken, Medaillons, Putten, Allegorien und Personifikationen bürgerlicher Tugenden, das Denkmal der »großen Männer« und das Denkmal des Krieges und des Friedens. Skulpturen sind der Stadt als monumentales Alphabet eingeschrieben: die Mariensäule, der Obelisk, die Siegessäule, das Reiterdenkmal, der römische Triumphbogen, das attische Stadttor. Dem einen sind sie nur mehr Kulisse, dem anderen wuchtige Präsenz der Geschichte, in der Imagination lebendig bevölkerte Orte.

Diesem Feld werden kontinuierlich neue »Objekte« eingepflanzt, obgleich Kunst angeblich keine magische, devotionale, didaktische, zelebratorische oder politische Funktion mehr hat. Mit jedem neu errichteten oder restaurierten öffentlichen Gebäude werden neue Zeichen installiert, wenn auch der »Verfall der bürgerlichen Öffentlichkeit« lange diagnostiziert ist[4] und die Zeit eines als Mäzen sich inszenierenden Bürgertums vorbei. Mögen Plätze auch nicht mehr lebendiges Forum sein, Schauplatz, Handlungsort, so stellt man doch gerade dort mit Vorliebe auch heute noch Kunstwerke auf.

Was macht diese neue Kunst aus? Was unterscheidet sie von alter Kunst? An welchen Orten plaziert man sie? Was wird von ihr erwartet? Wie wird sie eingebunden in den Raum, und wie verändert sie ihn? Wie geht sie ein auf die Proportionen des Raumes, auf seine Geschichte? Spielt sie mit dem Licht, kalkuliert sie die Bewegungen des Betrachters? Repräsentiert sie das Lebensgefühl der Zeit oder eilt sie einen Schritt voraus in die Zukunft? Lange schon ist Kunst frei von den Funktionen, die ihr die kirchlichen, aristokratischen und bürgerlichen Auftraggeber zugedacht haben. Gleichwohl versetzt ihre Autonomie sie nicht in den luftleeren Raum. Die Vielfalt gegenwärtiger Stile und Gattungen scheint zu korrespondieren mit der Disparatheit einer pluralistischen Gesellschaft. Da gibt es kein verbindliches ästhetisches Programm, keinen allgemein gültigen Kunstbegriff, keinen Kanon normativer Kriterien. Nicht mehr der Glaube der Moderne an die Rolle der Kunst als Wegbereiter des Zukünftigen, an ihre visionäre Kraft, ihre utopische Dimension hält die verschiedenen Kunstwerke in ihrem Inneren zusammen. Was sie am ehesten verbindet, ist ihre Intention, nicht Antwort zu sein, vielmehr Fragen zu stellen, zum Denken anzuregen. So ist der Betrachter, der sich unvorbereitet fühlt und nicht eingeweiht in die zeitgenössische Kunst, gar nicht so allein gelassen, wenn er sich nur einläßt. Im Schauen und Denken ereignet sich das Verstehen. Nicht im Studium der Kunstgeschichte erschließt sich die Kunst am alltäglichen Ort, sondern in der Erfahrung intensiver Wahrnehmung.

Der Flaneur wird sehr schnell beobachten, wie unterschiedlich sich das Verhältnis von Kunstobjekt und öffentlichem Raum gestaltet. So gibt es Werke, geschenkt oder erworben, die man an Leerstellen plaziert, sie hinauskatapultiert aus der Privatheit des Ateliers, dem intimen Ambiente des Sammlers oder dem Schutzraum des Museums in die Öffentlichkeit der Straße. Obgleich diese manchmal einfach beliebig »ausgestreuten« Skulpturen, sogenannte *drop sculptures*, ohne Einfühlnahme auf den Ort bleiben, können im Idealfall gerade ihre Autonomie und Selbstbezüglichkeit Macht entfalten. Andere Werke wiederum lassen sich ein auf den spezifischen Raum, sind für die besondere Situation geschaffen. Oder: Die Werke entwickeln sich gemeinsam mit der Entwicklung des Raumes, entstehen aus dem Zusammenwirken von Künstler und Architekt. Kunst in der Stadt interagiert mit Landschaft, mit Architektur, mit Öffentlichkeit oder gerät zur Möblierung, zum urbanen Kitsch. So findet man auch in München geglückte Lösungen und Mißlungenes, Qualität und Schrott.

Das öffentliche Kunstwerk »sollte offen sein, verfügbar, nützlich, vertraut und zugänglich. Indem seine Nützlichkeit hervorgehoben wird, wird das öffentliche Kunstwerk zu einem Instrument für Tätigkeiten – sitzen, gehen, essen, sprechen. Öffentliche Kunst bedarf eines gewissen, von gemeinsamen Vorstellungen getragenen Zusammenspiels mit dem Publikum. (...) Es ist ein Publikum, das die öffentliche Kunst zum Leben erweckt. (...) Öffentliche Kunst sollte das Publikum weder einschüchtern noch überwältigen noch kontrollieren. Sie sollte freundlich, vertraut sein. Sie sollte einen vorgegebenen Platz bereichern.«[5]

Diese Position des sich als *public artist* verstehenden Siah Armanjani ist nicht unumstritten unter Künstlern wie unter Kunstfachleuten. Für den öffentlichen Raum geschaffene Kunstwerke implizieren durchaus disparate Intentionen und Ansprüche. So wollen sie »als kulturelles Ereignis und Medium zur Reflexion gesellschaftlicher Verhältnisse« (Marie-Jo Lafontaine) verstanden sein, »als Widerstreben gegen Maschine werdendes und gewordenes Denken« (Günter Fruhtrunk). Sie wollen auf die »starke Beteiligung der Sinne« zielen – »der ganze Körper geht im Auge auf« (Ulrich Horndash) –, auf die »Empfindung für die eigene Herkunft« (Stephan Huber) und die »Erinnerung« als »das, was uns ausmacht« (Anne und Patrick Poirier). »Aus ihr [der Plastik] kommt etwas von der Energie und Kraft großer Berge« (Henry Moore). In jedem Fall aber will jene Kunst »unter die Menschen« (Leo Kornbrust), sie »will den Kontakt« (Marie-Jo Lafontaine).

Ob die Werke das leisten, kann sich nur in der Anschauung, in der leiblichen Erfahrung klären. Der »Wegweiser« sucht dem Interessierten Fährten zu legen, die Kunstwerke in der Stadt aufzuspüren, neue zu entdecken und bekannte zu identifizieren. Und er will kurze Geschichten erzählen von verhinderten Monumenten und temporären Aktionen in München, von Denkmälern und neuen Projekten, von Modellen der Kooperation von Künstler und Architekt im Kontext von Unternehmenskultur und öffentlicher Hand.

*

Siegestor, Ludwigstraße

Kunst im öffentlichen Raum, das sind im 19. Jahrhundert Präsentationsstücke, spätklassizistische Schauarchitektur. Der König vergibt den Planungsauftrag, und er bestimmt das Thema. So wählt Ludwig I. den spätantiken Konstantinsbogen in Rom als Vorbild für das *Siegestor* (1850), das, ursprünglich in Erinnerung an die Befreiungskriege 1813–1815 konzipiert, als ein Mahnmal des Friedens aus Marmorkalkstein, Bronze und weißem Marmor errichtet wird – ein Monument für die Ewigkeit und Teil eines großen architektonischen Entwurfs der Stadterweiterung.

Am Ende des Jahrhunderts bauen die Bürger sich ihr städtisches Nationaldenkmal, weithin sichtbar am Isarhochufer. Ein Unternehmer gibt die Anregung, die Stadtgemeinde errichtet das von einer Gruppe renommierter Architekten und Bildhauer konzipierte Denkmal. Mit dem *Friedensengel* (1896–99) feiert das Stadtbürgertum seine Stadt – »München, das in den vergangenen 25 Jahren eine Perle unter den Großstädten des Erdkreises geworden ist, emporgehoben von dem Genius der Kunst« – und sich selbst in politischen Festen vor dem Monument.[6]

Friedensengel, Prinzregentenstraße

Kunst konstituiert damals erst den öffentlichen Raum. Sie hat eine verbindliche Formensprache und eine offenkundige Funktion. Sie ist politisches Manifest, Symbol städtischer Kommunität, Herrschaftszeichen staatlicher Macht. Sie ist für alle da und allgemeinverständlich und bindet die zentralen politischen Ideen und Kräfte der Epoche, Liberalismus und Nationalimus.

Wittelsbacher Brunnen am Lenbachplatz

Denkmäler und Brunnen für ihre Stadt bauen Bürgerschaft und Regent, wie den *Wittelsbacher Brunnen* am Lenbachplatz (1891/95) – seine Figuren »sind Sachen von einer Klarheit, Ruhe und Lebendigkeit wie in der Antike«[7] – , den die Stadtgemeinde anläßlich der Vollendung der Quellwasserleitung angelegt und die Wittelsbacher großzügig mitfinanziert hatten.

Denkmäler und Brunnen sind – nach dem Weltkrieg, nach Rezession, Faschismus, Zerstörung der Stadt und Wiederaufbau – ohngeachtet der Entwicklung einer demokratischen Gesellschaft und eines »Strukturwandels der Öffentlichkeit« und unberührt von einem neuen Kunstbegriff bis in die sechziger Jahre das, was man unter Kunst im öffentlichen Raum versteht. Noch das nach kulturpolitischen Diskussionen 1963 in München eingesetzte Gremium heißt »Denkmal- und Brunnenkommission«, in der im übrigen außer dem Kulturreferenten keine Kunstfachleute saßen; erst 1982 wird sie von der vom Stadtrat beschlossenen »Baukunstkommission« abgelöst, in der nun auch Künstler vertreten waren. An deren Stelle dann tritt 1985 die heutige »Kommission für Kunst am Bau und im öffentlichen Raum«, die mehrheitlich mit Künstlern besetzt ist und in der die Kultur- und Bauverwaltung ebenso wie die planenden Architekten ein Vorschlagsrecht haben, aber keine Stimme.

In einer zerbombten Stadt ist autonome Kunst außerhalb des Museums im Kontext des Alltags unzeitgemäßer Luxus. Die Bayernpartei (BP) fordert in der Diskussion der Vorlage des Kulturausschusses des Bundestages 1950, von den Künstlern eine »sinnvolle« Tätigkeit im Dienste der Gesellschaft zu verlangen. »Sinnvoll« meinte: was nützlich, schön und dem Volk verständlich ist, solide handwerkliche Tradition, »richtige« volkstümliche Kunst anstelle von Autonomie und Abstraktion. Die Bevölkerung mit »hochrangiger« Kunst zu konfrontieren und zeitgenössische Kunst »auf die Straßen und Plätze« zu holen, jene antizipierende Gegenposition der SPD konnte noch keine Durchschlagskraft auf die kommunale Praxis haben. Kunstförderung war gebunden an das Bauressort, die Mittel bescheiden und die um ihre wirtschaftliche Existenz ringenden Künstler zeigten sich mit der alten »Kunst-am-Bau«-Regelung, der prozentualen Beteiligung an Auftragsarbeiten, einverstanden. So bedeutet Kunst im öffentlichen Raum in den fünfziger Jahren unter dem Primat der Architektur die »Ausschmückung« der Gebäude mit Bildern und Plastiken, Glasfenstern und Mosaiken und die »Ausstattung« des Außenraums mit Wandreliefs und pädagogisch ambitionierten Freiskulpturen in Schulen, Kindergärten, Grünanlagen und Wohnsiedlungen.[8]

Rupprecht Geiger, Neonrelief am Hauptbahnhof, 1951

Die farbig eloxierten Aluminiumplatten mit Leuchtstoffröhren von *Rupprecht Geiger* an der Fassade des *Hauptbahnhofs* wirkten da 1951 wie ein Fanal. Das Neonrelief, übrigens in einer Stadt, in der bis 1929 Leuchtreklamen als unmünchnerisch verboten waren, wird zum »Dokument eines legendären Aufbruchspathos der Münchner Nachkriegszeit«[9]. Gleichwohl ist jene vielfach beschworene Euphorie die einer Elite: »Wieder einmal erleben wir das traurige Schauspiel, wie das Spießertum angeht gegen das Naturgesetz ewiger Erneuerung, gegen die Entwicklung der jungen Kunst.«[10] Während der Kampf um die neuen Kunstbestrebungen in geschlossenen Räumen ausgefochten wird – der der Gruppe ZEN 49 um die Durchsetzung der gegenstandslosen Malerei oder der der Gruppe SPUR, die mit ihren Manifesten und ihrer Zeitschrift Ende der fünfziger Jahre gerichtlich verurteilt wird –, vermag das offizielle München den Stadtraum vor künstlerischer Radikalität zu schützen. Rupprecht Geigers Plakate zu den Musica-viva-Konzerten wurden 1964 zum Anschlagen erst freigegeben, nachdem der Künstler seine Leuchtfarben gemäß einer nur in München bestehenden Vorschrift abdämpfte!

Junge Kunst erobert seit Ende der sechziger Jahre neue Räume: den Aktionsraum A1 in der Waltherstraße (1969), das in der Fußgängerpassage unter der Maximilianstraße gelegene Kunstforum (1971), den Kunstraum e.V. in Schwabing, die Künstlerwerkstatt Lothringerstraße (1980); es gibt spannende Konfrontationen in Galerien und Museen, und Kunst geht sporadisch in Aktionen auf die Straße: fünfundzwanzig Künstler 1968 mit »subart – eine experimentelle Raumsituation« im U-Bahnhof Giselastraße, HA Schult mit seiner »Situation Schackstraße« 1969, die »Erste freie Produzentenmesse« »Kunstzone« auf dem Jakobsplatz 1971, die »Spielstraße« als kulturelles »Beiprogramm« zur Olympiade oder die Ausstellung »Situative Plastik« einer Gruppe von Akademiestudenten 1980 auf dem Marienhof hinter dem Rathaus.[11] Turbulenzen, Subversion und Unerwünschtes finden kaum statt im öffentlichen Raum.

So gab es in München weder scharfe Auseinandersetzungen um die Aufstellung von Außenskulpturen – wie etwa in Hamburg um die Ausstellung Jehnisch-Park 1986 oder in Berlin um den »Skulpturenboulevard« auf dem Kurfürstendamm 1987 oder absurd und spektakulär in New York um Richard Serras »Tilted Arc« rund um die Federal Plaza – noch grobe Formen des Vandalismus wie in Wuppertal, wo man die Bronzeplastik »Sitzende Gewandfigur« (1957) von Henry Moore mit heißem Teer und Federn übergossen hatte.[12]

Walter de Maria, Erdskulptur, 1972

Die Pläne des amerikanischen Künstlers *Walter de Maria* einer großen Erdskulptur für die Olympischen Spiele 1972, die konstitutive Merkmale von Land Art, Minimal Art und Concept Art vereint, wurden schon im Vorfeld politischer Entscheidung trotz des Engagements zahlreicher Kunstschaffender boykottiert. Die vertikale Skulptur wäre unsichtbar gewesen. Von der Spitze des Schuttberges am Olympiagelände sollte eine Erdbohrung sechzig Meter tief durch den von Kriegstrümmern künstlich aufgeschütteten Berg und weitere 60 Meter tief durch die gewachsene Erde einen Schacht von drei Meter Durchmesser schaffen, der die Ebene des natürlichen Terrains in der Mitte seiner Länge, gleichsam als ideelle Symmetrieachse zwischen dem Eindringen in die Erde und der künstlichen Anhäufung, berührt hätte. »Das Loch verbindet Geschichte – die Kriegstrümmer – mit Erdgeschichte und bringt sie ins Gleichgewicht – eine Vorstellung, die prähistorische und archaische Stätten bis zur delphischen Pythia wachruft.«[13] Als sichtbares Zeichen wäre allein eine Bronzescheibe von 360 Zentimeter Durchmesser geblieben. »A monumental work – yet one which does not yell the word monument at us.«[14]

Michael Heizer, »Munich Depression«, 1969

Von *Michael Heizers »Munich Depression«* (1969/70) blieben nur Entwürfe und Fotos. Bald zerstört wurde seine begehbare, etwa 30 Meter breite und 5 Meter tiefe Erdaushebung von flacher Trichterform. Rasch fiel diese erste große Arbeit der Land Art eifriger Bebauung zum Opfer und war binnen zwei Monaten von hochwachsenden Appartements umgeben. »Die Architektur ergriff die Herrschaft über das brachliegende Land. Zum Schluß bemächtigten sich die Architekten des Geländes, füllten die Versenkung auf und errichteten ein greifbares, nützliches Objekt an ihrer Stelle.«[15]

Gerhard Merz, »Tivoli«, 1985

Kunst verschwindet. *Gerhard Merz* entwarf 1986 im Auftrag der TRV Matuschka Gruppe für den architektonisch anonymen, farblosen Bau der sechziger Jahre in der Barerstraße 9 eine Gesamtgestaltung des Treppenhauses durch Bild, Wandbild und farbige Wandfassung. Die farbigen Wände wurden zum Passepartout für die drei querformatigen monochromen Farbtafeln im Foyer und den ersten drei Etagen, die den Namen des jeweils verwendeten Pigments als auf die Wand geschriebene Obertitel trugen (»Giallo di Cadmio Limone«, »Arancio di Cromo«, »Blu Oltremare Scuro«) und für den Siebdruck auf Leinwand, der nach einem Foto aus den fünfziger Jahren die Wasserfälle in Tivoli bei Rom darstellte und der Arbeit ihren Namen gab: »Tivoli«. Dieses komplexe bildnerische Programm der Wandmalerei, als außergewöhnliche Innengestaltung und gelungenes Dokument von Unternehmenskultur vielfach gewürdigt,[16] wurde mit dem Wechsel des Eigentümers überstrichen. Als erinnernder Rest verblieb die Leinwand im Foyer – beschädigt.

Eher amüsant-anekdotisch klingt heute die Odyssee des *Hl. Christophorus* des Münchner Bildhauers *Alexander Fischer,* dessen Pappattrappe des Heiligen 1970 den Zuschlag des Auftraggebers erhielt, in Bronze den seit Jahren leerstehenden Sockel vor dem Gebäude besteigen zu dürfen. Als der DAS (Deutscher Automobilschutz) statt des urigen Kolosses plötzlich dem auf die Fassade projektierten Modell des ehemaligen Akademiepräsidenten Josef Henselmann den Vorzug gab, ließ Fischer seinen 25-Zentner-Mann in Gips in der Dunkelheit anfahren und aufstellen. Noch in derselben Nacht hat die Versicherung die Idee, den »Kerl« mit Schnur und Packpapier zu verhüllen. Aus der Verbannung auf ein rückseitiges Baugrundstück läßt der Künstler dann seinen Christophorus ans andere Ufer der Prinzregentenstraße vor dem Haus der Kunst mit einem Kran absetzen, als Beitrag zur Großen Münchner Kunstausstellung. Danach am Eingang zum Englischen Garten plaziert, landet der Schutzpatron der Reisenden, in Bronze gegossen und nunmehr der Stadt zum Geschenk gemacht, 1972 auf dem Scheidplatz in Schwabing, Umschlagort zwischen Trambahn, Bus und U-Bahn.[17]

*

International beachtete »Skulptur Projekte in München« gab es nicht, gemessen an dem 1977 und 1987 in Münster gesetzten Standard der Kuratoren Kaspar König und Klaus Bußmann, die 1997 zum dritten Mal renommierte Künstler einladen, für einen von ihnen selbst ausgesuchten Platz in der Stadt eine Arbeit zu schaffen. Die Planung einer umfangreichen Ausstellung zeitgenössischer Skulptur für den Herbst 1980 auf dem Gelände zwischen Alter und Neuer Pinakothek mußte wegen zu gering veranschlagter Mittel aufgegeben werden. Und auch die Aktion »Kunst im öffentlichen Raum« mit Symposion und Ausstellung 1981 scheiterte am Geld. Einen *»1. Skulpturenpark«* initiierte das Kulturreferat im November 1981 im Alten Botanischen Garten mit Arbeiten der Münchner Künstler Kern, Lechner und Muthofer, *»Skulptur II«* dann 1982 mit den Künstlern Bachmayer, Glass, Görig, Strasser, Trossbach und Wachter.

Die Dauerausstellung von Skulpturen im *Westpark,* dem Gelände der IGA '83 (Internationale Gartenbauausstellung) – für die die von der eingesetzten Kunstkommission ausgewählte Arbeit von James Reineking vom Gartenarchitekten als störend abgelehnt wurde! –, beschreibt die Zeitschrift »Neue Kunst in München« als ein typisches »Kapitel der Geschichte Kunst am Bau«: »Die Kunst kam zu spät, verschlungen und zum Teil gar nicht zustande. Sie ist – bis auf an zwei Fingern abzuzählenden Ausnahmen – Spielplatzkunst oder naturduselnde Indianderromantik, aufgesetzt oder abgestellt. Die Chance, das Vorhandene, nämlich Geld, Platz und Besucher zu nutzen, um eine Korrespondenz von internationaler Kunst mit ›Land‹ und Leuten stattfinden zu lassen, ist vertan.«[18]

Seit 1994 gibt es nach der Idee des Baureferats einen »Aktionsraum für temporäre Kunst im öffentlichen Raum« in Sichtweite vom Hauptbahnhof, vor dem Alten Botanischen Garten an der Ecke Luisenstraße/Elisenstraße als Auftakt für die »Kunstmeile Luisenstraße«. Auf dieser etwa 1300 Quadratmeter großen *Plattform* soll in langfristigem Rhythmus eine Arbeit gezeigt werden, die einen dominanten Akzent zu setzen vermag. Als erster stellte *Nikolaus Gerhart* seinen monumentalen Stein *»Geöffneter Granit III«* auf diesen Platz,[19] im Oktober 1996 dann *Mauro Staccioli* seinen *»Ring«* aus Stahl, Zement und rotem Oxydpigment mit einem Durchmesser von zwölf Metern.

Mauro Staccioli, »Ring«, 1996

In temporären Aktionen wurde immer wieder versucht, die Stadt, einen Ort in der Stadt zu verwandeln, das Verhältnis von Architektur und Kunst auszuloten, einen Dialog mit der Tradition herzustellen, geordnete Strukturen und Körper zu stören oder zu verbinden, dem Betrachter neue Wahrnehmungsmöglichkeiten zu eröffnen.

Unübersehbar und umstritten war das vom Bau- und Kulturreferat in Zusammenarbeit mit den Bayerischen Staatsgemäldesammlungen und der Staatlichen Antikensammlung getragene »Projekt zur urbanen Kunst« von *Pit Kroke*. Seine achtzehn mächtigen, raumgreifenden *»Stadtzeichen«* verbanden sich zu einem Parcours, die historische Wittelsbacher Kulturmeile nachzuvollziehen.

Vor dem geschichtsträchtigen Karlstor baute *Alf Lechner* im Frühjahr 1976 unter Mitwirkung von Armin Zweite die neun Tonnen schwere *»Stabilisierung«* auf: Zwei quadratische, vier mal vier Meter große Stahlplatten stabilisieren sich – gleichsam im Fallen – durch ihr enormes Gewicht an dem sie verbindenden Stab. Um jene »augenscheinliche Labilität des scheinbar Aggressiven« als inhaltlichen, durchaus ironischen Bezug zu entfalten, braucht die Skulptur als Pendant das Stadttor. Konsequenterweise verschrottet der Künstler sie nach Ende der zweimonatigen Aktion.[20] Zwei Arbeiten von Ulrich Rückriem plazierte der Kunstraum München e.V. 1980 in der Salvatorstraße.

Für irritierende Interventionen in die urbane Landschaft sorgt mit Performances und Installationen seit 1993 der an verschiedenen Orten in der Stadt abgestellte *»Kunst-Container«* des *Beck Forums. »Die Spur des Lichtes«*, initiiert und gefördert vom Unternehmen Rischart, das mit einem bisher fünfmal ausgelobten *Kunstpreis* Kunst im öffentlichen Raum förderte, zeichnete 1991 vier Wochen lang den Königsplatz. Nach den in fünftägigem Rhythmus präsentierten Arbeiten von Nan Hoover, Markus Ambach und Angelika Schirmer warf der Münchner Künstler *Ugo Dossi* seine Bildprojektionen auf die Fassade der Glyptothek: »Vexiersituationen/Wie man den Teufel verführt«.

Den Königsplatz als Argumentationsforum zu nutzen, sich im Medium der Fotografie mit seiner künstlerischen und historischen Bedeutung auseinanderzusetzen, waren in dem von Lenbachhaus und Kulturreferat getragenen Projekt *»Argusauge«* 1991 Künstler aus verschiedenen europäischen Ländern und den USA eingeladen, die ihre Arbeiten aus mehreren

Begegnungen mit dem Ort entwickelten. *Hans Haacke* etwa nahm Bezug auf den Königsplatz des »Tausendjährigen Reiches« und thematisierte mit seinen Fahnen und dem Banner an den Propyläen (»Zum Appell – Deutsche Industrie im Irak«) die Verknüpfung von Wirtschaft und Politik in den dreißiger Jahren wie in der Gegenwart.[21] Zwei Jahre danach setzten sich Münchner Künstler wieder mit dem Thema Nationalsozialismus auseinander. Mit *»Zur Zeit – München 1933–1945«* markierten sie »Strukturen der Gewalt« im öffentlichen Raum – wie etwa Verena Kraft und Kurt Petz, deren überdimensionale Lautsprecherattrappe an der Fassade des Bayerischen Rundfunks auf faschistische Propagandamethoden anspielte.

Das Spezifische des Ortes Bahnhof reflektierten sechs Künstler 1994 im Rahmen der vom Berufsverband bildender Künstler (BBK) im Kontext der Open Art veranstalteten Ausstellung *»Station – Arbeiten am Hauptbahnhof«*. Der private Münchner Kunstverein Artcircolo bereitet für den Herbst 1997 sein Projekt *»Pavillon«* vor: elf internationale Künstler, u.a. Mischa Kuball, Fabrizio Plessi und Ben Willikens, sind gebeten, im Straßenraum, in öffentlichen Gebäuden und im Arbeitsbereich von Firmen »nicht alltägliche Orte« zu verwirklichen.

Auf Initiative des Kulturkreises Gasteig e.V. errichteten die Dresdner Künstler *Christian Späte* und *Ingo Güttler* 1995 für etwa zwei Jahre im Forum des Gasteig ihre Klangskulptur *»GEA«*. Die vielgliedrige Raumfiguration, deren Name den Mythos der Erdgöttin erinnert, setzt sich u.a. aus acht in leichter Halbkreisform angeordneten Kalksteinblöcken zusammen, von denen jeder auf zwei Metallkufen aufliegt, die sich am Ende jeweils zu einem Doppelbogen von circa vier Meter Höhe in die Luft wölben. Aus angebrachten Solarzellen gewonnene Energie wird durch das Bogeninnere an die Basis geleitet und akkumuliert und produziert so in bestimmten Zeitabständen einen Klang.[22]

Peter Greenaway, Screens 3–4, 1897–1898, Propyläen, 1995

Peter Greenaway verwandelte im Herbst 1995 die Stadt mit hundert Lichtprojektionen. Den hundertsten Geburtstag des Kinos zu feiern, erhellten hundert Leinwände das Zentrum der Stadt vom St.-Jakobs-Platz zum Haus der Kunst und vom Königsplatz bis zur Isar. Auf die Außenwände von Kirchen, Einkaufszentren, Museen, Theatern und öffentlichen Gebäuden der Stadt, Orten, »welche die Patina des Gebrauchs und der verflossenen Zeit aufweisen«,[23] wurden scharf umrissene Rechtecke mit den Jahreszahlen seit Bestehen des Kinos projiziert. »Projiziertes Licht, ein Rahmen, ein helles Rechteck, Illusion von Bewegung« – dies sind die Eigenschaften einer Stadtinstallation, die interdisziplinär Film, bildende Kunst und Architektur miteinander verknüpft. Greenaway, der »Verführer der Sinne«, will den Genius loci begehbarer Schauplätze hervorheben, und der Spaziergänger eines einzigen Abends sieht die Stadt mit neuen Augen.

Korrespondenzen mit den örtlichen Gegebenheiten suchte die für die Dauer der Renovierung zeitlich befristete *»Installation Baustelle Alte Pinakothek« (o.T.)* von Kay Winkler 1996. Je zwei in unterschiedlichem Winkel geneigte Betonplatten (267,5 x 267,5 x 19,5 cm) sind durch ein Stahlrohr (Länge 263 cm, ∅ 12,1 cm) lose miteinander verbunden und schaffen eine ideelle Linie, die den Platz vor dem Gebäude diagonal durchschneidet. Die Arbeit reflektiert die transitorische Situation vor Ort und ermöglicht beim Um- und Durchschreiten eine intensive, perspektivenreiche Wahrnehmung des Skulpturengartens.[24]

Wie schwierig es ist, Kunstwerken einen adäquaten Ort einzuräumen, zeigen die kritischen Überlegungen einer Studie zum *Skulpturenpark im Umfeld der Alten Pinakothek.* Was gilt es nicht alles zu berücksichtigen: die Bezüge zur Architektur der Alten Pinakothek, Gebäudefluchten, Symmetrien, die historisch-heroische Bedeutsamkeit des Ortes, die Spannung zur Neuen Pinakothek, die Relation zur Straße, auch die zur Landschaft, den Bäumen und Büschen, und natürlich das Verhältnis der Skulpturen untereinander. Verbindliche Richtlinien gibt es keine. Erschwert wird die Ordnung des Feldes durch die Zufälligkeit der versammelten Stücke: Sie sind als Schenkungen an die Staatsgalerie moderner Kunst gekommen (Erich Hausers »Doppelsäule 23/70« und Rolf Szymanskis »Synagoge« von der Theo-Wormland-Stiftung), es sind Gaben der Künstler (Eduardo Paolozzis »For Leonardo«) oder für einen anderen Ort entworfen (Hans Wimmers »Trojanisches Pferd« und Alf Lechners »Würfelskelett-Subtraktion«). Im Zuge des Baus der Pinakothek der Moderne wird für eine neue Gesamtgliederung des Geländes plädiert; der Berliner Künstler Fritz Rahmann hat ein dezentralisierendes Konzept vorgeschlagen.[25]

*

Sind Denkmäler und Mahnmale in München »Kunst für München«? Zum Beispiel: das Mahnmal »Zum Gedenken an die Opfer des Bombenanschlages vom 26.9.1980«, das Friedrich Koller im Auftrag der Brunnen- und Denkmalkommission auf der Theresienwiese errichtete, ein Bodenkreuz (150 x 150 cm), auf dessen Schnittpunkt sich ein drei Meter hoher Pfahl erhebt, die Inschrift in Augenhöhe tragend; zum Beispiel: die Flugblätter »Die Weiße Rose«, 1988, von Robert Schmidt auf dem Geschwister-Scholl-Platz. Oder das »Mahnmal für Frieden und Freiheit«, Mauer-Fundstück eines Bundestagsabgeordneten, aufgelesen in Berlin, deponiert bei einem Bauern, dem Freistaat vermacht, vom Künstler Joachim Hoppe »bearbeitet«, zwischen amerikanischem Generalkonsulat und Englischem Garten aufgestellt und am Vorabend des sechsten Jahrestages der Deutschen Einheit vom Ministerpräsidenten enthüllt?[26]

Wie in alten Kulturen sind Inschriften und Gedenktafeln gebräuchlich, wie die im Lichthof der Universität für die 1943 hingerichteten Mitglieder der Widerstandsgruppe »Weiße Rose« oder in der Conollystraße 31 für die Opfer des Überfalls arabischer Terroristen auf die israelische Olympiamannschaft. Sie wollen erinnern – und nicht Kunst sein.
Wo Gedenktafeln, statt Vergangenheit zu memorieren, zu ihrer Bewältigung auffordern, wo sie nicht Konsens, sondern Auseinandersetzung und Gespräch intendieren, wo sie gar in Konflikt geraten mit per Gesetz denkmalgeschützten Orten, deren Aura – trotz ihrer nationalsozialistischen Imprägnierung – nach Meinung der Behörden unangetastet bleiben soll, provozieren sie. So wurde das *»Schild an der Feldherrnhalle«* der Künstler *Rudolf Herz* und *Thomas Lehnerer* – »Juden in aller Welt bitte kehrt zurück, wenn Ihr wollt« (1990) – von der Polizei entfernt. Die öffentliche Präsentation jener Bitte an dem von Ludwig I. errichteten und von den Nationalsozialisten 1933–1945 als Gedenkstätte der »Blutopfer« des Marsches auf

Rudolf Herz/ Thomas Lehnerer, Schild an der Feldherrnhalle, 1990

die Feldherrnhalle vom November 1923 benutzten Baudenkmals wurde auch nach intensiven Debatten nicht erlaubt, und das Schild landete im Jüdischen Museum.[27]

Die Schwierigkeiten mit dem Denkmal sind alt. Wettbewerbe, Kommissionen, Debatten und Fehden gab es auch im 19. Jahrhundert. In vielen deutschen Städten sind die seit den achtziger Jahren zunehmenden Pläne und Ausführungen offizieller Mahn- und Gedenkstätten im Kontext der Auseinandersetzung mit dem Nationalsozialismus politisch und künstlerisch umkämpft, sind doch Demonstration eines einheitlichen politischen Willens, Identitätsstiftung, Pathos, Weihe, Würde, Pietät und Trauer nicht leicht zu verbinden mit dem Anspruch, Denkprozesse und öffentliche Diskussion in Gang setzen zu wollen. Wenngleich Museen und Ausstellungshallen lange schon Ort der Auseinandersetzung um einen neuen Denkmalbegriff sind – an Edward Kienholz' »Portable War-Memorial« von 1968 wäre zu denken oder an Joseph Beuys' »Straßenbahnhaltestelle« im deutschen Pavillon der Biennale 1976, die rekonstruierte Teile eines barocken Friedensdenkmals mit kommentierenden Elementen verbindet –, so sind Provokation und Entheroisierung auf Straßen und Plätzen nur schwer zu etablieren – trotz des konstatierten »Ende(s) des Denkmals und seiner Wiedergeburt in der Kunst im öffentlichen Raum«.[28] Dennoch gibt es neben der Ästhetisierung und Entpolitisierung des Mahnmals (wie der Rückgriff auf die Pietà von Käthe Kollwitz in der Berliner Neuen Wache) auch das »Gegendenkmal« – exemplarisch von Jochen und Esther Gerz in Hamburg, unter dessen Aufruf gegen »Faschismus, Gewalt und Krieg« sich die Passanten selbst einschrieben und das dann stufenweise im Boden verschwand: »Absenkung contra Amnesie«.[29]

»Das Vermächtnis des Widerstandes in Deutschland ist von zentraler Bedeutung für die deutsche Identität. Aus diesem Grunde habe ich beim Festakt anläßlich des 50. Jahrestages des Attentats vom 20. Juli 1944 angeregt, hier im Umfeld der Staatskanzlei das Vermächtnis des Widerstandes in die Sprache der Kunst umzusetzen ...«[30] *Leo Kornbrusts* Kubus (vgl. S. 120) integriert sich in die jahrelang erbittert bekämpfte Architektur der *Staatskanzlei* und korrespondiert mit den Travertinblöcken des strengen, fast konstruktivistischen Kriegerdenkmals (1924–26) in direkter Nachbarschaft. Er erregt die Aufmerksamkeit der Passanten, die die auf zwei Seiten der Skulptur in handschriftlichem Duktus eingravierten Texte lesen: »Meine Lieben, Mein letzter Brief, den ich Euch schreibe. Das Gnadengesuch ist abgelehnt worden. Ich werde um 15 Uhr hingerichtet. Also lebt wohl und in der Ewigkeit sehen wir uns wieder. Josef Hufnagel, 40 Jahre alt, Bauer«. Die Botschaft ist verständlich, eindeutig, sie verpflichtet zum Innehalten, zu einem Moment der Andacht, auch der Rührung, des Mitleidens – Erinnerung als gemeinschaftliche Emotion.

Nikolaus Gerhart, Skulptur am Portikus der Klosteranlage Sankt Michael, Berg am Laim, 1986

Der gewaltige Granitblock von *Nikolaus Gerhart* am *Portikus der Klosteranlage Sankt Michael in Berg am Laim* enthält sich offenkundiger Zueignung und verweigert den klärenden Kommentar. Der Stein ist eine neutrale Setzung, er unterscheidet sich nicht vom Charakter anderer Arbeiten des Künstlers und entfaltet allein durch seine Plazierung am historischen Ort sein besonderes inhaltliches Potential. Zweifach bezieht er sich auf den Portikus: In seiner

Massigkeit verschließt er das Tor und nimmt es gleichzeitig in sein Inneres auf, indem er einem Formensegment im Negativ – herausgebohrt und -gesägt – Raum gewährt. Das Aufrichten eines Steins vor dem ehemaligen Lager, in das die Nationalsozialisten Juden und Regimegegner trieben, geben ihn als Denkmal zu erkennen und setzen im Betrachter Vorstellungen frei von archetypischen Bildern – dem heiligen Stein, der Pforte – bis hin zu historischen Analysen. So wird »Gedenken (...) ein Suchen nach Zusammenhängen, ein Tasten nach Deutung und Bedeutung«.[31] Ein Rest von Geheimnis bleibt.

*

Neue Räume der Kunst sind entstanden durch das Engagement von Banken, Versicherungen und Industrie, die zeitgenössische Kunst zunehmend zu einem zentralen Bestandteil ihrer Unternehmenskultur machen. Nicht nur bedeutende Sammlungen sind so entstanden, die an künstlerischem Niveau manch öffentlich geförderter Sammlung nicht nachstehen, und es gibt nicht nur das Bild an der Wand der verschlossenen Vorstandsetage. Ob aus Repräsentationsbedürfnis, Identitätsstiftung, Unternehmensstrategie oder gesellschaftlicher Verantwortung, in Außenräumen, Foyers oder Kundenhallen schaffen Unternehmen die Möglichkeit für Mitarbeiter und Besucher zur spontanen, ungeplanten, wiederholten Berührung mit zeitgenössischer Kunst.[32]

Wer sein Geldgeschäft in der *Dresdner Bank* am Promenadeplatz zu erledigen hat, lernt, wenn er sich einlassen will, in dem renovierten Gebäude vom Anfang des Jahrhunderts die verschiedenen Weisen des Umgangs mit Natur und Landschaft im Medium der Malerei, der Skulptur, der Fotografie und neuen Medien kennen. Die Arbeiten der meist jüngeren Künstler wie Helmut Dirnaichner, Karin Kneffel, Michael van Ofen, Andreas Schön, Alexander Timschenko oder Bernd Zimmer sind mehr als bloße Ausstattung der Räume und setzen durch ihre thematische Einbindung einen Dialog untereinander und mit dem Betrachter in Gang.

Giulio Paolini, »Belvedere«, 1993

In der Kundenhalle des von dem Architekten Danilo Silvestrin neugestalteten *Bankhauses Maffei* am Promenadeplatz begegnet man der poetischen Arbeit des italienischen Künstlers Giulio Paolini, die sich entfaltet aus dem fotografisch reproduzierten Ausschnitt des seifenblasenden Knaben aus einem berühmten Gemälde des 18. Jahrhunderts. Die zu einem Fries gefügte Arbeit »Trento« (1993, Acryl auf Bütten, zweiteilig, jeweils 700 x 25 cm) der Münchner Künstlerin Doris Hadersdorfer im Foyer der Bank ist leider nicht zugänglich. Zwischen zwei sich gegenüberliegenden Reihen von je sieben Spiegeln mit emblematischen Alltagsversatzstücken des Frankfurter Künstlers Heiner Blum bewegt sich der Besucher in der Eingangspassage des *Bankhauses Schröder, Münchmeyer, Hengst & Co.*

Freilich, viele Schätze sind nur dem Privilegierten sichtbar, wie die graphische Sammlung der *Bayerischen Rück* in dem vom Architekten Uwe Kiessler geplanten und realisierten Gebäude am Rande des Englischen Gartens. Wunderbares bergen die unterirdischen Gänge der *Münchener Rückversicherungs-Gesellschaft* an der Leopoldstraße, die zu betreten dem Uneingeweihten aus Sicherheitsgründen verwehrt ist. Der blau leuchtende Tunnel von Maurizio

Monika Huber, o.T., 1994/95

Nannucci, der Licht- und Farbkorridor von Dietmar Tanterl und Ulrich Horndash, die abstrakt expressive, achtzig Meter lange Wandarbeit von Monika Huber und die auf den vier Ebenen der Tiefgarage installierten Environments von Susann Kretschmer und Fridhelm Klein: Sie sind aufgenommen in das Verzeichnis des »Wegweisers«, auch um zu dokumentieren, wie neue Kunst traditionsreiche Konzerne unterwandert. Mächtig wird sie aber nur in der Anschauung ...
Neue Arbeiten von Marco Gastini, Albert Hien und Maurizio Nannucci zu sehen, lohnt den Weg nach Neuperlach zu den *Vereinten Versicherungen.*

Neben traditionellen Außenskulpturen – wie denen von Fritz Koenig, Isamu Noguchi oder Toni Stadler auf dem Gelände der *Vereinsbank* im Tucherpark, der von Hans Ladner vor der *Deutschen Bank* in der Ungererstraße oder dem Brunnen von Eduardo Paolozzi vor der Zentrale der *Stadtsparkasse* – treten so zunehmend Interventionen in die vorgegebenen Strukturen des Innenraums. Raumbezogen arbeitende Künstler werden eingeladen, Boden, Decke und Wände zu gestalten.

Die *Filialen der Hypo-Bank* werden so über ihre Funktion als Orte geschäftlicher Aktivität zu öffentlichen Kunsträumen: in der Augustenstraße durch das leuchtende Emblem »Gleich und doch verschieden«, 1993 (34 x 380 x 3 cm), von Maurizio Nannucci; am Rindermarkt durch die abstrakten, in horizontaler Bewegung verlaufenden Konfigurationen unregelmäßig gegeneinander versetzter Holzelemente der Düsseldorfer Künstlerin Jutta Glöckner; am Rotkreuzplatz durch den »Garten der Worte«, einem Fries assoziationsreicher Begriffe von Aribert von Ostrowski; in dem von Karl Ackermann 1961 entworfenen Bau an der Münchener Freiheit durch die kühn im Luftschacht zwischen Erdgeschoß und den darüberliegenden Stockwerken schwebende pinkfarbene Skulptur der Berliner Künstlerin Asta Gröting, den »Orientierungsapparat«, dessen anthropomorphe Form von der Struktur des Gleichgewichtsorgans im menschlichen Ohr inspiriert ist.

Mechtild Frisch, »Aus dem Fluß«, 1992

Seit 1989 lädt das *Siemens Kulturprogramm* im Rahmen eines Förderprogramms für bildende Kunst Künstler ein, »eine standortspezifische Gestaltung für den Innen- und Außenraum der Firmenniederlassung« zu erarbeiten. Im Kontext dieser »Kunstprojekte« entstand im Flur der Hauptniederlassung der Siemens AG die Installation von sechs Farbraumskulpturen – Pappröhren von kadmiumgelber Außenhaut und blau reflektierender Innenseite – »Aus dem Fluss« der Kölner Künstlerin Mechtild Frisch; im Foyer des Standortes St.-Martin-Straße der wandfüllende, ultramarin und neongelbe Raumkörper aus Buchenholz »Titan« der belgischen Künstlerin Marie-Jo Lafontaine; und im Betriebsrestaurant Wittelsbacherplatz das sich über die gesamte Stirnseite ziehende pink modulierte Farbfeld von Rupprecht Geiger.

Günther Förg, Fassadengestaltung, 1985

Das *Büro Orange*, Forum für aktuelle Kunst der Siemens AG in München, verfolgt programmatisch die Idee, Künstler als Partner des Architekten mit der Gestaltung von Räumen zu beauftragen. Die Ergebnisse der Auseinandersetzung der Künstler mit der Arbeitswelt können besichtigt werden: etwa Günther Förgs Gestaltung der Fassade in der Tübinger Straße 1 (1987), mit ihren streng geometrisch gemalten Fenstern und plastischen Jalousien und seine monochrome Wandmalerei in Treppenhaus, Fluren und Kantine der Gebäude in der Richard-Strauss-Straße; Rolf Julius' Klanginstallation dort in den Verbindungsgängen der Gebäude, die Installation von neun Leuchtkästen mit großformatigen Siebdrucken an der Decke eines schlauchförmigen Korridors von Sabine Kammerl und Raimund Kummers überdimensionale Bildhalterkonstruktion, auf der ein auf Glas aufgezogenes Cibachrome ruht, »Malossol« (Kaviar); Katharina Grosse hat auf die Innenwand der Kantine in der Tübinger Straße feine transparente Ölfarben in vielen Schichten aufgetragen; Marin Kasimir montierte an der Decke über dem Treppenhaus eine Spiegelskulptur, die die Außenwelt und den Betrachter in immer neuen Perspektiven einfängt.

Dan Graham, »Walkway for Hypo-Bank«, 1995–1997

Um Künstler nicht mit vorgegebenen Räumen zu konfrontieren, sondern den frühzeitigen Dialog mit den Architekten zu ermöglichen, hat die *Hypo-Bank* einen Arbeitskreis für Architektur, Kunst und Design etabliert. So ist Dan Graham beauftragt worden, eine Verbindung zwischen dem Hochhausgebäude der Hypo-Bank und dem neuen Erweiterungsbau, beide von den Architekten Walther und Bea Betz, zu schaffen. Die Realisierung seines Entwurfs in Zusammenarbeit mit dem Stuttgarter Architekten Martin Schüttpelz ist für Ende 1997 vorgesehen und wird der Öffentlichkeit zugänglich sein: ein Gehweg mit einer Tonnengewölbedecke aus gebogenem Einwegspiegelglas und Seitenwänden, die abwechselnd aus Edelstahl-Lochblech, transparentem Glas und Spiegel gefertigt sind. Nach Plänen von Dan Flavin wird eine Lichtspur mit verschiedenen Farbzonen entlang der Unterseite des Treppenaufgangs des siebenstöckigen Gebäudes installiert werden.

*

Rune Mields, »Zwei Hände und die Zahlen 1 bis 10«, 1996/97

Immer mehr von der Kunstkommission der Stadt ausgewählte Projekte sind raumbezogene Arbeiten wie die Bodenarbeit *»Zwei Hände und die Zahlen 1 bis 10«* der Kölner Künstlerin *Rune Mields* für den Kindergarten am Lily-Braun-Weg.

Die Beispiele gelungener Kooperation zwischen Künstler und Architekt bei Kunstprojekten der öffentlichen Hand sind vielfältig: Günter Fruhtrunk mit Paolo Nestler, Gerhard Merz mit Christoph Sattler und Heinz Hilmer, Dietmar Tanterl und Kurt Ackermann, Magdalena Jetelová mit Maya Reiner und Jörg Weber, Jenny Holzer mit Uwe Kiessler, Anne und Patrick Poirier mit Busso von Busse, Thomas Barnstein und Michael Kramer mit Auer und Weber.

Herausragendes Beispiel einer von der Landeshauptstadt München in Auftrag gegebenen Arbeit ist das *»Oskar-Maria-Graf-Denkmal«* (Arbeitstitel!) der amerikanischen Künstlerin *Jenny Holzer* für das Literaturhaus am Salvatorplatz. Sie wird gefördert vom *Kulturbaufonds*, einer gemeinnützigen Stiftung, die, unter Obhut des städtischen Baureferats gleichwohl ehrenamtlich verwaltet, seit 1946 vom Wiederaufbau zerstörter Kulturdenkmäler nach dem Krieg bis zur Finanzierung zeitgenössischer Kunst (so etwa Dan Flavins Lichtinstallation zwischen Lenbachhaus und Kunstbau, Anne und Patrick Poiriers Skulpturenensemble vor dem Stadtarchiv, Albert Hiens Objekt im See am Gustav-Heinemann-Ring) im öffentlichen Raum wirkt.

Was öffentliche Kunst sein kann und wie weit sie sich entfernt hat vom gesockelten Objekt, zeigt Jenny Holzers Werk. Sie hat Texte in den öffentlichen Raum gestellt, Sprüche an New Yorker Häuserwände plakatiert und über elektronische Lichttafeln flimmern lassen. Jenny Holzer will den öffentlichen Gebrauch der Vernunft! »I wanted to try to find a way to talk about real world issues to a general audience. (...) I hoped that people would get something from reading them (the statements, ›Truisms‹) on the street.«[33] Reduktion auf das Wort, Provokation über die Sprache, und der Betrachter/Leser muß aus den nur einzeln wahrnehmbaren Buchstaben den Text selbst herstellen. Jenny Holzers Entwurf für das Literaturhaus will über elektronische Schriftbänder hinaus auch das Mobiliar einbeziehen: Zitate von Oskar Maria Graf in Lederbänke eingeprägt, in Granittische graviert, auf Tassen, Tellern und Tischtüchern der Cafeteria.

Stephan Hubers Entwurf für den Platz der neuen Münchner Messe setzt auf die Kraft einer zeichenhaften, narrativen Bildsprache und auf die Wirkung »barocker Inszenierungslust«. Der Münchner Künstler will eine gewaltige, fünf Meter hohe Lichvitrine in einen der beiden Seen bauen, in der – aus Neon geformt und blau leuchtend – die Nachformungen von zwölf großen Alpenflüssen hängen, tagsüber ein aderähnliches, durch die spiegelnde Fläche des Wassers verstärktes Geflecht, nachts ein spektakuläres Lichtspiel, das Teile des Sees in Blau tauchen soll. Aus dem linken See wird sich ein zwölf Meter hohes Stahlregal erheben, in das etwa vierzig Alpenberge der fünf Alpenländer, aus Kunststein gegossene Nachbildungen, eingeordnet sind.[34] Die Arbeit »Gran Paradiso«, die mit der surrealen Verknüpfung von

Monumentalisierung (Vitrine und Regal) und Diminuitiven (Flüsse und Berge) die kulturhistorische Prägung der Region aufnimmt, will nicht nur dem Messevorplatz, sondern dem gesamten neuen Stadtteil, der »Messestadt Riem«, Identität geben. »(...) die Öffentlichkeit (spielt) in meiner Kunstauffassung eine wichtige Rolle. Nach wie vor hat für mich die Einbettung von Kunst ins soziale Ganze und ihre Einwirkung auf die Gesellschaft utopischen Charakter.«[35]

*

Ist öffentliche Kunst heute eine »bankrotte historische Kategorie«?[36]

Die Kritik am Qualitätsniveau einzelner Arbeiten mag berechtigt sein, ebenso die an der elitären Selbstbezüglichkeit der Objekte oder ihrer Anbiederung an den breiten Geschmack, an der mangelnden Bezugnahme auf den Ort oder ihrer Vereinnahmung durch den Ort. Auch ist der Einwand nicht zu entkräften, daß öffentliche Kunst vielfach Dekoration architektonischer Tristesse sei und daß sie da, wo sie Störfaktor ist, von den Bürgern nicht mehr verstanden wird. Den Verlust ihrer Verbindlichkeit mag man beklagen, daß öffentliche Kunst in einer demokratischen Gesellschaftsordnung nicht mehr auf Allgemeinverständlichkeit und Konsens zielen kann, sondern auf die ästhetische Sensibilität des einzelnen, daß sie der Bilderflut der Werbung und der Gleichförmigkeit der Stätten nichts Nachdrückliches entgegenzusetzen weiß ... Jenseits aller Kritik und jenseits der theoretischen Reflexion belegt die Anschauung insbesondere neuerer Arbeiten in München einen Prozeß des Umdenkens bei Künstlern und Auftraggebern. Möglichkeiten und Grenzen einer Kunst für Straßen und Plätze und öffentliche Gebäude werden neu abgesteckt, Grenzen überschritten und Neuland betreten.

Wenn so das Denkmal für einen Dichter aussieht, die Fassade einer Feuerwache, das Entree eines Wetterdienstes, der Pausenhof einer Schule, das Gelände eines Klärwerkes! Wo Standardisierung unterlaufen, glatte Perfektion gestört wird, poetische Inseln entstehen und Bewußtsein für Vergangenheit wach wird, wo Ordnung sich im Raum herstellt und Orientierung, gestaltete Räume den Geist befreien, es zwischen Artefakt und Körper zu schwingen beginnt, Lust am Schauen, Lust am Denken – hinaus in die Stadt!

* Aus einem Gedicht von Norbert Radermacher, s. Textnachweise, S. 155.

1 Etymologisch heißt »malen«: »mit einem Zeichen versehen«, und »merken«: »achtgeben«, »wahrnehmen«, »verstehen«.

2 Michel Foucault, Andere Räume, in: Translokation, s. Textnachweise, S. 14.

3 Vgl. Hans Ulrich Reck, High-Definition-City, Raumkonzepte im europäischen Denken vom Mittelalter bis zur Technologie der Beschleunigung, in: Translokation, s. Textnachweise, S. 21ff.

4 Jürgen Habermas, Strukturwandel der Öffentlichkeit, Untersuchungen zu einer Kategorie der bürgerlichen Gesellschaft, Neuwied und Berlin 1962.

5 Siah Armanjani, 1987, zitiert in: Markus Stegmann, s. Textnachweise, S. 135, Anm. 3.

6 So Bürgermeister von Borscht bei der Grundsteinlegung am 11. Mai 1896, zitiert in: Wolfgang Hardtwig, Die politische Topographie Münchens 1870–1914, in: Denkmal, Zeichen, Monument, s. Textnachweise, S. 44.

7 So Heinrich Wölfflin an Jacob Burckhardt in einem Brief vom 5. April 1895, zitiert in: Norbert Lieb, s. Textnachweise, S. 332.

[8] Beate Mielsch, Die historischen Hintergründe der »Kunst-am-Bau«-Regelung, in: Kunst im öffentlichen Raum, s. Textnachweise, S. 39ff.

[9] Peter-Klaus Schuster, Rupprecht Geiger – Die Münchner Jahre, in: ders. (Hrsg.), Rupprecht Geiger, Ausstellungskatalog Staatsgalerie moderner Kunst, im Haus der Kunst, München, 1988, S. 9.

[10] Rupprecht Geiger im Gründungsmanifest der Gruppe ZEN 49, ebenda, S. 22.

[11] Vgl. Helmut Friedel, Einige Schwierigkeiten der schönen Künste, s. Textnachweise, S. 171ff.

[12] Vgl. die Beiträge in: Unerwünschte Monumente, s. Textnachweise.

[13] Manfred Schneckenburger, Absenkung contra Amnesie, in: ders., Aushäusig, s. Textnachweise, S. 27.

[14] Walter de Maria, zitiert in: Christoph Heinrich, Strategien des Erinnerns, s. Textnachweise, S. 22.

[15] Vgl. Michael Heizer, zitiert in: Helmut Friedel, Anm. 11, S. 170.

[16] Vgl. László Glozer, Vom Schauspiel farbiger Wände. Erfahrungen mit Gerhard Merz »Tivoli«, in: Gerhard Merz, »Tivoli«, Köln 1986, S. 37–44.

[17] Vgl. dazu »Die Zeit« Nr. 20 vom 15.5.1970 und die »Süddeutsche Zeitung« vom 13.6.1972.

[18] Neue Kunst in München Nr. 10, Feb./März 1982.

[19] Vgl. Nikolaus Gerhart, 3 x Skulpturen in München, München 1994.

[20] Vgl. Dieter Honisch, Alf Lechner, Skulpturen, Nürnberg 1990, S. 209.

[21] Vgl. Argusauge, hrsg. v. Werner Fenz, München 1991.

[22] Vgl. Hartmut Dedert, GEA – eine Klangskulptur als Zeit-Skulptur, in: GEA-Projekt, hrsg. v. Gasteig Betriebsgesellschaft mbH, o.J.

[23] Publikation zu Peter Greenaway, The Stairs – München Projektionen. Eine Veranstaltung des Bayerischen Staatsschauspiels/Marstall, des Kulturreferates der Landeshauptstadt München u.a., Kuratorin: Elisabeth Schweeger, London 1995, Teil 1, S. 17, 39.

[24] Joachim Kaak, Kay Winkler, o. T., 1996, Installation Baustelle Alte Pinakothek, München 1996.

[25] Vgl. Perdita von Kraft, Ein Plädoyer für eine Neukonzeption. Skulpturen im Umfeld von Museen, in: Fritz Rahmann, U. a. Zwei Rösser. Skulpturen im Bereich der Pinakotheken in München, hrsg. v. Siemens AG, Kulturprogramm, S. 55–87.

[26] Vgl. »Süddeutsche Zeitung« vom 4.10.1996.

[27] Vgl. Rudolf Herz, Thomas Lehnerer, Rot ist dann nur noch die Farbe des Blutes, Ausstellungskatalog Baden-Baden, Text Dirk Teuber, 1993, S. 21ff.

[28] Christoph Heinrich, vgl. Anm. 14, S. 19.

[29] Manfred Schneckenburger, vgl. Anm. 13, S. 19 und S. 24ff.

[30] So der bayerische Staatsminister Edmund Stoiber, zitiert nach Nicole Frenzel, Erinnern an den Widerstand, in: Naturstein 9, 1996, S. 74.

[31] Christoph Heinrich, vgl. Anm. 14, S. 81.

[32] Vgl. dazu: Kunst am Promenadeplatz, hrsg. v. Dresdner Bank AG, 1995; Kunst und Baukunst, Hypo-Bank, Bd. 1 und 2, hrsg. v. Bayrische Hypotheken- und Wechselbank, Texte von Katharina Hegewisch, München 1994 und 1995; Das Gesicht einer Bank, hrsg. v. Bankhaus Maffei & Co. GmbH, München, Text Katharina Hegewisch; Gestaltete Räume, hrsg. v. Büro Orange, Siemens AG München, 1992; Hauptnutzfläche, hrsg. v. Büro Orange Siemens AG München, 1996; Günter Matthes, Verwaltungsbau heute, das Kombibüro-Gebäude für die Vereinten Versicherungen, Architekten Lauer und Wöhr, München 1996.

[33] Jenny Holzer, in: Michael Auping, Jenny Holzer, New York 1992, S. 76 und 78.

[34] Projektbeschreibung Stephan Huber. – Um das frühzeitige Einbeziehen der Kunst im Rahmen der Stadtentwicklungsplanung der neuen Messestadt Riem zu gewährleisten, erstellen Kunstfachleute eine Studie, deren Publizierung vorgesehen ist.

[35] Stephan Huber, in: Stephan Huber, Ausstellungskatalog Hamburger Kunsthalle, hrsg. v. Uwe M. Schneede, 1991, S. 31.

[36] Benjamin Buchloh, zitiert in: Manfred Schneckenburger, vgl. Anm. 13, S.9.

Hinweise für den Leser und Flaneur

Das Verzeichnis des »Wegweisers« präsentiert eine Auswahl von 177 Objekten im öffentlichen Raum Münchens. Es ist alphabetisch nach den Namen der Künstler geordnet mit Angaben zum *Titel des Werkes, Entstehungsjahr, Material, Maß, Standort*, Hinweisen auf *Abbildung* (□), *Besichtigungsmöglichkeit* bei Arbeiten im Innenraum, *Kennzeichnung im Faltplan* (1) und *Verkehrsanbindung*. Die von der *Landeshauptstadt München* in Auftrag gegebenen Arbeiten sind markiert (M).

Andere Auftraggeber lassen sich aus dem Standort des Werkes ersehen oder aus der Institution: Flughafen (Flughafen München GmbH), Gasteig (AKL [Allgemeine Kommunal-Leasing] Gasteig), Goethe-Institut (Bundesrepublik Deutschland), Oberfinanzdirektion (Bundesrepublik Deutschland, Freistaat Bayern), Amtsgericht, Residenztheater, Fachhochschule, Universität (Freistaat Bayern), Alte und Neue Pinakothek (Bayerische Staatsgemäldesammlungen, Freistaat Bayern).

Im *Abbildungsteil* sind 70 exemplarische Objekte versammelt. Die zugeordneten Textseiten informieren in Kürze über Werk und Biographie des Künstlers; bei den ausgewählten Einzel- und Gruppenausstellungen sind insbesondere Ausstellungen in Münchner Museen und Galerien berücksichtigt und solche, zu denen ein Katalog erschienen ist. Die Texte der Künstler sollen den »Wegweiser« auch zu einem Lesebuch zur zeitgenössischen Kunst machen.

Quellennachweise, *Ortsregister* und eine kleine *Bibliographie zur Kunst im öffentlichen Raum* finden sich im Anhang. Der eingelegte Stadtplan zeigt die Standorte der Kunstwerke in fortlaufender Numerierung an.

Kunst für München

Abbildungen und Texte

Stephan Balkenhol

o.T.
1996, Reliefs, Pappelholz, 4 cm stark, Höhe 1. OG 200 cm, 2. OG 175 cm, 3. OG 150 cm

41
Deutsches Herzzentrum München, Bettenhaus, Lichthof, Lazarettstraße 36, U1 Maillingerstraße

»Es geht mir im Grunde um ein Konzentrat. Ich will alles auf einmal: Sinnlichkeit, Ausdruck, aber nicht zuviel, Lebendigkeit, aber keine oberflächliche Geschwätzigkeit, Momentaneität, aber keine Anekdote, Witz, aber keinen Kalauer, Selbstironie, aber keinen Zynismus. Und in erster Linie eine schöne, stille, bewegte, viel- und nichtssagende Figur. Die Figur soll über sich hinauswachsen, über sich und über andere Dinge erzählen, ohne sich zu verrenken und Grimassen zu schneiden.« 1992

1957 geboren in Fritzlar/Hessen, lebt in Karlsruhe und Meisenthal/Frankreich.

Einzelausstellungen:
Portikus, Frankfurt (1988), Galerie Rüdiger Schöttle, München (1989/91/96), Staatliche Kunsthalle Baden-Baden (1989), Städtische Galerie im Städel, Frankfurt (1991), Kunsthalle Hamburg (1992), Nationalgalerie Berlin (1994), The Montreal Museum, Montreal/Kanada (1996)

Gruppenausstellungen:
Skulpturenausstellung Jenisch-Park, Hamburg (1986), Skulptur Projekte in Münster (1987), Post Human, Deichtorhallen, Hamburg (1993), Africus: Johannesburg, Biennale 95, Johannesburg/Südafrika (1995)

Rudolf Belling

Blütenmotiv (»Schuttblume«)
1971/72, Bronze, Höhe 645 cm

31

Auf dem sog. Schuttberg, Olympiapark, U3, Bus 36, 41, 43, 81, 136, 184 Olympiazentrum, Tram 27 Gartenstraße

Auftrag des Deutschen Gewerkschaftsbundes und der Stadt München für ein Friedenssymbol, ein Denkmal für die Opfer des Bombenkrieges, auf der Spitze des sog. Schuttberges, der durch die Aufräumarbeiten der Trümmer nach dem Zweiten Weltkrieg entstanden war.

»Einige Jahre vor dem ersten Weltkrieg las ich als Schüler der Akademie Berlin-Charlottenburg ein Buch von dem damals sehr geschätzten Bildhauer Adolf von Hildebrand, das er ›Das Problem der Form‹ nannte. Der Einfluß dieses Buches war gewaltig, nicht nur auf Bildhauer, sondern auch auf Kunsthistoriker. Ich fand in diesem Buch einige Stellen, die mich kritisch stimmten und die ich schließlich als falsch erkannte. Hildebrand verlangt von einer guten ›Plastik‹, daß sie sofort ›überschaubar‹ sei, daß sie den Besucher nicht zwänge, um sie herumzugehen. Er spricht in dieser Beziehung vom ›Quälenden des Kubischen‹ und geht gewissermaßen auf eine ›Bildwirkung‹ aus. Nun ist aber doch gerade die Dreidimensionalität der fundamentale Unterschied zwischen Malerei und Skulptur, die also auch betont werden muß. Cellini sagte einmal, eine gute Skulptur müsse ›zwei, drei, fünf, oder sogar sieben gute Ansichten‹ zeigen. Ich meine, sie sollte eigentlich nur gute Ansichten zeigen! Und so fing ich an, zuerst in figurativer und dann in sog. abstrakter Formgestaltung zu schaffen, da diese mir viel größere Möglichkeiten bot. Das ›Raumproblem in der Skulptur‹, heute Allgemeingut geworden, war das Leitmotiv meines gesamten Schaffens und ist es auch heute noch, wobei mir völlig gleichgültig ist, ob ich ›figurativ‹ oder ›nonfigurativ‹ arbeite.« 1956

1886 geboren in Berlin, 1972 gestorben in Krailling bei München.
Lehre als Modelleur, Kleinplastiker und Bildhauer (1905–1907), selbständiges Atelier, Aufträge für Theaterdekorationen und Modelle für Aufführungen von Max Reinhardt (1908–10), Kunstakademie Berlin-Charlottenburg (1912–22), Mitbegründer der Novembergruppe, Mitglied im Arbeitsrat für Kunst (1918), Emigration in die Türkei (1937), Rückkehr nach Deutschland (1966), lebte in Krailling.

Erste Ausstellungsbeteiligung an der Großen Berliner Kunstausstellung (1914), Retrospektive in der Galerie Ketterer, München (1967).

In den zwanziger Jahren zählte Rudolf Belling, dessen Arbeiten Zusammenhänge zeigen mit De Stijl, dem Konstruktivismus und Futurismus, zu den bekanntesten Bildhauern der Weimarer Republik. Mit seinem ersten Hauptwerk »Dreiklang« von 1919 fand die deutsche Plastik Anschluß an die internationale Avantgarde.

Max Bill

o.T.
1978–1983, zwei Bildsäulen, farbige Emailleplatten auf Stahlskelett, Höhe 20 m und 16 m

77

Klinikum München-Großhadern, Marchioninistraße 15, U6, Bus 34, 68 Klinikum Großhadern

»Konkrete Kunst nennen wir jene Kunstwerke, die aufgrund ihrer ureigenen Mittel und Gesetzmäßigkeiten – ohne äußerliche Anlehnung an Naturerscheinungen oder deren Transformierung, also nicht durch Abstraktion – entstanden sind.
Konkrete Kunst ist in ihrer Eigenart selbständig, sie ist der Ausdruck des menschlichen Geistes, für den menschlichen Geist bestimmt, und sie sei von jener Schärfe, Eindeutigkeit und Vollkommenheit, wie dies von Werken des menschlichen Geistes erwartet werden muß.
Konkrete Malerei und Plastik ist die Gestaltung von optisch Wahrnehmbarem. Ihre Gestaltungsmittel sind die Farben, der Raum, das Licht und die Bewegung. Durch die Formung dieser Elemente entstehen neue Realitäten. Vorher nur in der Vorstellung bestehende abstrakte Ideen werden in konkreter Form sichtbar gemacht.
Konkrete Kunst ist in letzter Konsequenz der reine Ausdruck von harmonischem Maß und Gesetz. Sie ordnet Systeme und gibt mit künstlerischen Mitteln diesen Ordnungen das Leben. Sie ist real und geistig, unnaturalistisch und dennoch naturnah. Sie erstrebt das Universelle und pflegt dennoch das Einmalige, sie drängt das Universalistische zurück, zugunsten des Individuums.« 1936/1949

1908 geboren in Winterthur/Schweiz, 1994 gestorben in Berlin. Studium am Bauhaus, Hochschule für Gestaltung, Dessau (1927–29), Tätigkeit als Architekt und Maler (seit 1930), als Plastiker (seit 1932) und als Publizist (seit 1936), Mitbegründer der Hochschule für Gestaltung Ulm, erster Rektor (1950)

Einzelausstellungen:
Bauhaus, Dessau (1928), Kunstmuseum Basel (1939), Kunsthaus Zürich (1949), Retrospektive, Staatliches Museum für angewandte Kunst, München, Wanderausstellung (1956/57), Staatsgalerie Stuttgart (1960), Kestner-Gesellschaft, Hannover (1968), Retrospektive, Akademie der Künste, Berlin, Wanderausstellung (1976), Kunsthalle Schirn, Frankfurt am Main (1987)

Gruppenausstellungen:
XXIV. Biennale Venedig (1958), XXXV. Biennale Venedig (1970)

rhythmus im raum
1994, Pavillonskulptur, Granit, Höhe ca. 315 cm, Grundfläche 16,65 m auf 18,45 m

86

Europäisches Patentamt, Innenhof, Bayerstraße 34, S1–8, U1,2,4,5 Hauptbahnhof, Tram 18, 19 Hermann-Lingg-Straße

»Seit den dreißiger Jahren habe ich einen Hang zur Standardisierung, genauer zu gleichen Elementen. Das führte dazu, daß ich verschiedenartige Plastiken machte aus gleichen Teilen.
Diese Erfahrungen, zusammen mit meinem Anspruch auf ›Verwendbarkeit‹ nicht nur ästhetischer Art, sondern zusätzlich auch als ›Gegenstand für den täglichen Gebrauch‹, führten zu den ersten Pavillonskulpturen: die bestanden aus Holzbalken. (...)
Jene Pavillonskulpturen, die seit den achtziger Jahren entstanden, sind alle nach dem gleichen Kombinationsprinzip gebaut. Die einst festgelegten Maßnormen basieren auf den möglichen Kombinationsvariationen gleicher Blöcke zu ästhetisch einwandfreien Rhythmen. Das Grundmaß ist die Sitzhöhe des Menschen. In der Länge des Blockes ist diese fünffach. Meine Erfahrung mit solchen Objekten lehrt mich, daß je nach Standort, Umgebung oder Nutzung völlig verschiedene Ausdrucksmöglichkeiten bestehen.«
1994

Jonathan Borofsky

Walking Man
1995, Stahlkonstruktion mit Kunststoffummantelung,
Höhe 17 m

55

Münchener Rückversicherungs-Gesellschaft, Leopoldstraße 36, U3,6, Bus 54, 154, Giselastraße

»Mir ist daran gelegen, das Leben der Menschen zu verändern. Ich möchte ein besseres Leben, sowohl für mich selbst als auch für andere Menschen, aber ich bin nicht in der Position, große Veränderungen herbeizuführen. Ich kann nur meine Kunst machen. Also konzentriere ich mich in meiner Kunst auf ganz bestimmte Dinge und versuche, menschliche Themen zu behandeln, sei es durch meine Träume oder durch politische oder humanistische Aussagen, denn das ist das einzige, was ich tun kann. (...) ich beginne bei mir selbst und trage das in die Welt hinaus, was ich gelernt habe, mein persönliches Streben nach Freiheit.
Es ist eine Herausforderung, Menschen zu erreichen, ein Objekt an einem öffentlichen Ort aufzustellen und dafür zu sorgen, daß es wirklich gut funktioniert, den Menschen positive Energie gibt. (...) Aber was kann eine Skulptur ausrichten? Kann ich irgend etwas ausrichten?« 1993

1942 geboren in Boston/Massachusetts/USA. Studium an der Carnegie Mellon University, Pittsburgh, und der Ecole de Fontainebleau (1964) sowie an der Yale School of Arts and Architecture, New Haven (1966), Dozent an der School of Visual Arts in New York (1969–77) und am California Institute of the Arts in Los Angeles (1977–80); lebt in Venice/Kalifornien.

Einzelausstellungen:
Museum of Modern Art, New York (1978), Halle für Internationale Neue Kunst, Zürich (1979), Kunsthalle Basel (1981), Städelsches Kunstinstitut/Städtische Galerie, Frankfurt (1984), Galerie Susanne Albrecht, München (1988/91/92), Portikus, Frankfurt (1991)

Gruppenausstellungen:
Westkunst, Köln (1981), documenta 7, Kassel (1982), Zeitgeist, Berlin (1982), documenta 9, Kassel (1992)

Michael Croissant

Kopf
1981, Eisen, geschweißt, 120 x 100 cm

94

Albert-Einstein-Gymnasium, Eingang Schulhof/Sportanlage, Lautererstraße 2, U1,2 Silberhornstraße, Tram 25 Tirolerplatz
M

»Die Erfahrung mit der eigenen Arbeit zeigt, daß nur das zählt, was von der Vorstellung, die man sich davon gemacht hat, abweicht – das Unvorhergesehene. Ihre Rechtfertigung mag sie darin finden, daß es keine Wahl, sie anders zu machen, gegeben hat.« 1978

1928 geboren in Landau/Pfalz. Steinmetzlehre in Landau (1942), Schule des deutschen Handwerks, Kaiserslautern (1943–45), Private Kunstschule, München (1946–48), Studium an der Akademie der Bildenden Künste, München, bei Toni Stadler (1948–53), Professor an der Städelschule, Frankfurt am Main (1966–88); lebt in München.

Einzelausstellungen:
Galerie Günther Franke, München (1963/64), Kunsthalle Darmstadt (1964), Forum Kunst, Rottweil (1976), Landesmuseum Kassel, Neue Galerie (1978), Galerie Biedermann, München (1979/84/88), Kunstverein Bremerhaven (1982), Kunstverein Frankfurt am Main (1990), Museum Glaskasten, Marl (1990), Kunstverein München (1991), Galerie Orangerie-Reinz, Köln (1994)

Gruppenausstellungen:
Dimension 79, Stadtmuseum München (1979), Skulptur, Museum Villa Stuck, München (1985), Stahlplastik in Deutschland, Staatliche Galerie Moritzburg, Halle/Saale (1993)

Helmut Dirnaichner

Malachit, Auripigment
1995, zweiteilig, Farbmaterie und Zellulose, je 280 x 22 cm

12
Dresdner Bank, Foyer 1. Stock, Promenadeplatz 7
(Mo–Mi 8.15–16 Uhr, Do 8.15–18 Uhr, Fr 8.15–15 Uhr), S1–8, U4,5 Stachus, Tram 19 Theatinerstraße

»Jeder Richtungsverlauf ist auch ein räumlicher Verlauf – so wie jede Bewegung zusammen mit der Farbe eine Figur, eine Bedeutung aufzeigt, wie im traditionellen Bildaufbau. Es sind plastische Objekte. Durch ihre Materie sind sie nicht integriert in die Wand, sondern heben sich von der Wand ab, durchschneiden eine Wand.
Meer, Wasser, Wellenbewegung – die Blau- und Grüntöne.
Der Übergang zum Himmel – das Schwebende.
Vulkan, Metall, das Schwere – die Rottöne, Hämatit, Vulkanasche, Zinnober, Apulische Erde, haben mit Feuer und Erde zu tun.
Wie die Farbe mehr ist als nur Farbe, so ist Bewegung mehr als nur eine Linie.« 1990

1942 geboren in Kolbermoor.
Fachschule für Holzbildhauerei in Oberammergau (1967), Fachlehrerstudium für Kunsterziehung in Augsburg und München (1968/69), Studium an der Akademie der Bildenden Künste, München, bei Günter Fruhtrunk (1970–1976); lebt in Mailand.

Einzelausstellungen:
Galerie Wittenbrink, München (1985/86/89/91), Oltremare, Kunsthalle zu Kiel (1989), Correspondenza, Städtische Galerie Villa Zanders, Bergisch Gladbach (1994)

Gruppenausstellungen:
abstrakt konkret absolut, Kunstverein München (1978), 1984 – im toten Winkel, Kunstverein Hamburg (1984), Kunstlandschaft BRD, Kölnischer Kunstverein, Kunstszene München, Villa Stuck, München (1984), Bremer Kunstpreis 1991, Kunsthalle Bremen (1991)

La Tortue
(Die Schildkröte)
La Grenouille
(Der Frosch)
L'Assistant
1967, Bronze, 105 x 80 x 11 cm; 125 x 75 x 50 cm; 156 x 223 cm (aufgestellt 1990)

1

Lenbachhaus, Garten, Luisenstraße 33, U2 Königsplatz
M

»Wenn ich mit meiner Malerei in eine Sackgasse komme, was einem immer wieder passiert, so bleibt mir die Skulptur als Ausweg übrig, denn Skulptur ist noch mehr Symbol als Malerei. Bei der Skulptur spielen beide Hände eine Rolle, wie bei der Liebe. Es ist etwa, als ob ich Ferien nähme, um nachher wieder zur Malerei zurückzukehren.« 1963

1891 geboren in Brühl bei Köln; 1976 gestorben in Paris.

Gruppenausstellungen:
Erster Deutscher Herbstsalon, Berlin, mit Macke, Kandinsky, Delaunay, Chagall und Klee (1913), Dada-Vorfrühling, Brauhaus Winter, Köln (1920), Salon des Indépendants, Paris (1923), Fantastic Art, Dada, Surrealism, Museum of Modern Art, New York (1936)

Retrospektiven u.a.:
Kunsthalle Bern (1956), Musée National d'Art Moderne, Paris (1959), Wallraf-Richartz-Museum, Köln (1962/63), Tate Gallery, London, Staatsgalerie Stuttgart, Kunstsammlung Nordrhein-Westfalen, Düsseldorf (1991)

Lothar Fischer

Transparente Sitzfigur
1987, Eisenskulptur, 300 x 100 x 110 cm, Geländer, 1100 x 90 x 20 cm

79

Bürgerhaus Laim, Außenbereich der Bibliothek, Fürstenrieder Straße 53, U4,5 Laimer Platz
M

»Bilden heißt nicht Abbilden. Mein Thema ist hauptsächlich der Mensch in seinen Grundhaltungen: Stehen – Sitzen – Liegen, aber begriffen als ›Kunstfigur‹. Mir geht es um die Erfindung und Gestaltung immer neuer Figurationen, die aus den Mitteln, dem Material und dem Vorgang entstehen. Es sind zeichenhafte, tektonische, elementare Formulierungen, sozusagen ›abstrakt‹ als Ausgangspunkt, werden aber sinnlich erfüllt und lebendig durch das Machen. Das Ergebnis ist die autonome plastische Gestalt.« 1989

1933 geboren in Germersheim/Pfalz.
Studium an der Akademie der Bildenden Künste, München (1952–58), Professur an der Hochschule der Künste, Berlin (seit 1975); lebt in Berlin und Baierbrunn bei München.

Einzelausstellungen:
Galerie van de Loo, München (1963), Kunstverein Braunschweig (1967), Kunstverein München (1970), Kunsthalle Mannheim (1973), Galerie Thomas, München (1979/84), Landesmuseum Mainz (1987), Galerie Biedermann, München (1991/96), Rupertinum Salzburg (1993), Kunsthalle Dominikanerkirche Osnabrück (1996)

Gruppenausstellungen:
Gruppe Spur, Galerie van de Loo, München (1959), documenta 3, Kassel (1964), documenta 4, Kassel (1977)

Rotraut Fischer

o.T.
1992, Raumskulptur, Edelstahl (V4A), Bambusbepflanzung, Wasserlauf

69

Flughafen München, Flugsicherung, Lichthof, Nordallee 34, S8 Besucherpark

El Lissitzky:
»Raum ist nicht, was man durch das Schlüsselloch sieht und auch durch die offene Tür. Der Raum ist nicht für die Augen da, er ist kein Bild; darin will man leben.«

1945 geboren in Bayreuth.
Fotografenausbildung in Bamberg (1963–1966), Studium der Bildhauerei an der Akademie der Bildenden Künste, München (1976–1982); lebt in München.

Ausstellungen:
Kunstmuseum Stavanger, Norwegen (1982), Fundort Zwehrenturm, Rauminstallation, Fridericianum, Kassel (1984), Rauminstallation, Ostdeutsche Galerie Regensburg (1985), Aus Münchner Ateliers, Videoarbeit, Städtische Galerie im Lenbachhaus, München (1990), Durch Ferne Nähe, Fotoserie, Städtisches Atelierhaus Klenzestraße, München (1996)

Dan Flavin

Untitled
1994, Lichtinstallation, 7 Säulen aus rostfreiem Stahl, Leuchtstoffröhren (gelb), Höhe ca. 247 cm

1
Verbindung Lenbachhaus, Luisenstraße 33/Kunstbau, U-Bahn-Station Königsplatz, U2 Königsplatz
M
mit Mitteln des Kunstbaufonds

»Bis heute bin ich vom Licht gefesselt. (...)
Ich ziehe es vor, mich bei der Verwendung von künstlichem Licht auf die jeweilige Situation zu beziehen. Die Lampenbeleuchtung sollte auf einfachem Wege, direkt, unverzüglich – oder nicht –, erkannt und genutzt werden. Dies ist eine zeitgenössische, eine intelligente, künstlerische Wahrnehmung. Keine Zeit für Kontemplation, Psychologie, Symbolismus oder Geheimnis.
Und das, was ich beabsichtige, bezieht sich nicht im geringsten auf die Umgebung. Es vermeidet die Bewohnbarkeit. Diese Absicht ist eine zeitgebundene, den Umständen entsprechende, die gegebenen Mittel ausnutzende Raffinesse fürs Dasein – nicht mehr und nicht weniger.« 1989

1933 geboren in New York City, gestorben 1996 in New York.
Cathedral College of the Immaculate Conception, Douglastown/New York (1947–52), United States Air Force Meteorological Technician Training School, Chanute Air Force Base, Rantoul/Illinois (1953), University of Maryland Extension Program in Osan-ni/Korea (1954–55), New School for Social Research, New York (1956), Columbia University, New York (1957–59).

Einzelausstellungen:
Galerie Heiner Friedrich, München (1968), Museum of Contemporary Art, Chicago (1967/68), Kunsthalle und Wallraf-Richartz-Museum, Köln (1973/74), Kunstmuseum Basel (1975), Solomon R. Guggenheim Museum, New York (1982), Museum of Contemporary Art, Los Angeles (1984), Stedelijk Museum, Amsterdam (1986), Staatliche Kunsthalle Baden-Baden (1989), Städtische Galerie im Städel, Frankfurt a.M. (1993), Kunstbau Lenbachhaus München (1994)

Gruppenausstellungen:
documenta 4, Kassel (1968), Westkunst, Rheinhallen, Köln (1981), Flavin, Judd, LeWitt, Galerie Tanit, München (1985), Bilderstreit, Museum Ludwig Köln (1989)

Günther Förg

Bronzerelief
1987, Bronze, vier Arbeiten, drei je 260 x 140 x 10 cm und 260 x 120 x 10 cm

22

Gasteig, 1. Stock, beim Carl-Orff-Saal, Rosenheimer Straße 5 (Mo–Fr 8–ca. 22 Uhr, Sa/So abhängig von Veranstaltungen), S1–8, Bus 51 Rosenheimer Platz, Tram 18 Gasteig

»Es ist mir überaus wichtig, Naivität zu bewahren. Immer wieder in etwas reinzurutschen, aus einer Not eine Tugend zu machen.
Freilich gibt es immer wieder Programme in der Kunst. Marinetti zum Beispiel, oder die Postmoderne. Ich versuche, da genau entgegenzugehen. Ich meine, wir haben uns Bense um den Kopf geknüppelt, und heute weiß man auch, damit lockst du niemand mehr.« 1990

1952 in Füssen geboren, lebt in Areuse/Schweiz.

Einzelausstellungen:
Akademie der Bildenden Künste, München (1974/77), Galerie Rüdiger Schöttle, München (1980/83/89/92/93/94/96), Büro Orange, München (mit Wolfgang Flatz) (1982), Kunstraum, München (1984), Maximilian Verlag, Galerie Sabine Knust, München (1987/90/94), Gemeentemuseum, Den Haag (1988), Museum Fridericianum, Kassel (1990), Kunstverein, München (1992), Kunstmuseum Bonn (1994), Stedelijk Museum, Amsterdam (1995)

Gruppenausstellungen:
Allegories in Modernism – Contemporary Drawing, Museum of Modern Art, New York (1992), documenta 9, Kassel (1992), Gestaltete Räume, Büro Orange, München (1992), Der zerbrochene Spiegel, Museumsquartier Messepalast und Kunsthalle, Wien (1993/94)

LÖWENBRÄU
AM STACHUS

Günter Fruhtrunk

o.T.
1971, Ummantelung eines U-Bahn Entlüftungsschachtes, Stahl, Gerüst und Lamellen mit Acrylfarbe (weiß, blau, violett, rot) spritzlakkiert, quadratischer Körper mit abgeschrägten Ecken, 10,7 x 10,7 x 10 m

9
Herzog-Wilhelm-Straße/Herzogspitalstraße
M

»Orientiert habe ich mich für ein in Bild Einzubringendes an der ›Verdinglichung‹ von Erfahrung, an gesteigerter Lebensintensität im Sinne des musikalischen Erlebens: als ein Vollziehen und nicht an der erscheinenden Dingwelt oder am Abbilden derselben. Nicht Gerät, Maschinelles oder Gebautes waren Gegenstand meines Interesses, sondern Bild als Widerstehen gegen Maschine werdendes und gewordenes Denken, gegen Gebäude, Gerät und Besitz werdendes und gewordenes Denken und Fühlen.« 1975

1923 geboren in München, gestorben 1982 in München.
Architekturstudium an der Technischen Universität, München (1940/41), Schüler von William Straube (1945–50), Arbeit im Atelier von Fernand Léger (1952) und Hans Arp (1955) in Paris, Professor an der Akademie der Bildenden Künste, München (1967–82); lebte in München und Périgny-sur-Yerres/Frankreich.

Einzelausstellungen:
Galerie Der Kunstspiegel, Freiburg i.Br. (1947), Museum am Ostwall, Dortmund (1963), Kestner-Gesellschaft, Hannover (1969), Musée d'Art Moderne de la Ville de Paris (1970), Moderne Galerie Otto Stangl, München (1971), Städtische Galerie im Lenbachhaus, München (1973), Galerie Rüdiger Schöttle, München (1981/82), Galerie Heseler, München (1989), Nationalgalerie, Berlin (1993), Städtische Galerie im Lenbachhaus, München (1993)

Gruppenausstellungen:
documenta 4, Kassel (1968), XXXIV. Biennale Venedig (1968)

Marco Gastini

Im Widerhall des Lichts
1995/96, Mischtechnik auf Leinwand mit Eisen und Holz, 620 x 780 x 240 cm

108

Vereinte Versicherungen, Foyer, Fritz-Schäffer-Straße 9 (Mo-Fr 8–16 Uhr, Anmeldung am Empfang, auch von außen sichtbar), U2,5 Neuperlach Zentrum

»Ich wollte, daß die Malerei den Betrachter anspringt und ihn von allen Seiten umgibt, ich wollte, daß die Malerei in Anspannung und unter Druck aller verfügbaren Materialien bereits gespürt wird, ehe man sie sieht. Instabilität, Spannung, Anziehungskraft. (...) Man muß die Malerei als einen Liebesakt verstehen, damit sie zum Leben erwacht; man muß in sie verliebt sein, wenn man sie zeigt, und man muß mit ihrer Intimität und ihren Geheimnissen vertraut sein, um sie zu sehen und leben zu lassen.« 1992

1938 geboren in Turin, lebt in Turin.

Einzelausstellungen:
Galerie Walter Storms, München (1978/80/95), Centre d'Art Contemporain, Genf (1980), Städtische Galerie im Lenbachhaus, München (1982), Frankfurter Kunstverein, Kunstmuseum St. Gallen (1993)

Gruppenausstellungen:
XXXVII. Biennale Venedig (1976), XL. Biennale Venedig (1982), Prospect 89, Frankfurter Kunstverein (1989), 1:1 Wandmalerei von 16 internationalen Künstlern, Künstlerwerkstatt Lothringer Straße, München (1995)

Rupprecht Geiger

Gerundetes Blau
1987, Skulptur, Aluminium, spritzlackiert, 600 x 700 x 200 cm

22

Gasteig, Eingangsbereich, Rosenheimer Straße 5, S1–8, Bus 51 Rosenheimer Platz, Tram 18 Gasteig

»Der gezirkelte Kreis, das gleichschenkelige Quadrat (Mathematik) sind nicht mehr Ausdruck unserer Zeit. Das Oval dagegen (Einstein) und das liegende Rechteck sind unbekannte Größen und offener in ihren optischen Maßen, sind als Ausdruck der Zeit jetzt und der Zeit vor uns besser geeignet.« 1975

1908 geb. in München. Architekturstudium an der Kunstgewerbeschule, München (1926–29), Maurerlehre (1930–32), Studium an der Staatsbauschule, München (1933–35), Tätigkeit als Architekt (1949–62), Professor für Malerei an der Staatlichen Kunstakademie Düsseldorf (1965–75); lebt in München.

Einzelausstellungen:
Moderne Galerie Otto Stangl, München (1953), Galerie Heseler, München (1968), Städtische Kunsthalle Düsseldorf (1976), Städtische Galerie im Lenbachhaus, München (1978), Akademie der Künste, Berlin (1985), Galerie Ketterer, München (1986), Galerie Wassermann und edition e, München (1986), Dany Keller Galerie, München (1987), Galerie Walter Storms, München (1988), Staatsgalerie Moderner Kunst im Haus der Kunst, München (1988), Saarlandmuseum, Saarbrücken (1990), Russisches Museum, St. Petersburg (1994), Staatliche Kunstsammlungen, Dresden, Gemäldegalerie Neue Meister (1995)

Gruppenausstellungen:
documenta 2, Kassel (1959), documenta 3, Kassel (1964), documenta 4, Kassel (1968), documenta 6, Kassel (1977)

Rupprecht Geiger

o. T.
1990, vier zweiteilige Objekte, Acryl auf Aluminium, Rechteckformen 3 x 4 m, Rundformen ∅ 180 cm und ∅ 250 cm

81
U-Bahn-Station Machtlfinger Straße, U3, Bus 41 Machtlfinger Straße
M

»Rote Bilder: Leuchtrote, signalrote, permanentrote mit der Farbe vitaler Kraft. Man muß der Farbe helfen, sie sichtbar machen.
Rot ist die Farbe mit der höchsten Potenz.
Mit ›Rot‹ gibt sich die Farbe ein unübersehbares Signal. Einmal frei von ihrer Bindung an das Formale, geht die Farbe bei konkreter Darstellung eine Wandlung ein. Eben noch Materie einer anderen Materie anhaftend, das Sinnbild durch die Farbe unterstreichend (der Baum ist grün), kann sie in abstrakter Darstellung als etwas Geistiges verstanden werden. Jetzt isoliert in ihrem eigenen Machtbereich wirksam, ist sie autonom und als eigenständiges Element erkannt.
Das farbige Licht vor einem großen Farbfeld:
Leuchtrote Farbe monochrom moduliert,
mit geschlossenen Augen meditieren,
über das eben optisch Aufgenommene nachdenken, die Farbe blendet sich wieder ein. Das ist Rot!
Ganz rein!
Ich sehe ROT UNISONO.« 1975/1978

Rupprecht Geiger

Großes Rot mit Contrapunkt
1995, Acrylfarbe auf Putzgrund, Sprühtechnik, 5,50 x 10 m, ∅ 2 m

40

Fachhochschule München, Lothstraße 34 (Mo-Fr 7–22 Uhr, Sa 7–13 Uhr, Semesterferien Mo-Fr 7–17 Uhr), U1 Maillingerstraße, Bus 20, 21 Lothstraße

»Ich habe beim Durchwandern der einzelnen Farbzonen meditiert. Jetzt stelle ich fest: Hier hat die Farbe aus eigenen Kraftquellen eine merkwürdige Wirkung ausgelöst, hat mich in Stimmung und Erregung versetzt. Farbe hat sich in einigen ihrer wesentlichen Funktionen zu erkennen gegeben. Farbe hat sich offenbart. Hat man Farbe so gesehen, hat man gewissermaßen das Porträt einer Farbe, die Farbe selbst war das Motiv.« 1975

Isa Genzken

X
1994, Stahlbeton, 300 x 240 x 240 cm, Streben 22 x 15 cm

27
Dreifachsportanlage, Arnulfstraße 270/Ferdinand-Maria-Straße, Bus 41, 68 Romanplatz
M

»Beton ist forcierte Natur. (...)

Öffentliche Skulptur spielt sich heute in dem Spannungsfeld einer Neubauwohnung und einem traditionellen Monument ab. Die Rohbau-Konstruktionen der Neubauten finde ich interessanter, weil das rationale Denken der Ingenieure mehr mit Wahrheit zu tun hat als das routinemäßige Verdecken der Fassaden mit pseudoedlen Materialien.« 1987

1948 geboren in Bad Oldeslohe.
Hochschule für Bildende Künste, Hamburg (1969–71), Hochschule der Künste, Berlin (1971–73), Staatliche Kunstakademie Düsseldorf (1973–77), Lehrauftrag für Bildhauerei an der Staatlichen Kunstakademie Düsseldorf (1977/78), Lehrauftrag für Gestaltungslehre an der Fachhochschule Niederrhein, Krefeld; lebt in Köln.

Einzelausstellungen:
Galerie Konrad Fischer, Düsseldorf (1976), Galerie Fred Jahn, München (1986), Rheinisches Landesmuseum, Bonn (1988), Museum Boymans-van-Beuningen, Rotterdam (1989), Galerie Jahn und Fusban, München (1990), Portikus, Frankfurt am Main (1992), Städtische Galerie im Lenbachhaus, München (1992/93), Musée des Beaux Arts, Brüssel (1993)

Gruppenausstellungen:
Westkunst, Messehallen Köln (1981), documenta 7, Kassel (1982), Aperto 82, XL. Biennale Venedig (1982), Skulptur Projekte in Münster (1987), documenta 9, Kassel (1992), Ernste Spiele, Haus der Kunst, München (1995)

Mauerprojekt Dachauerstraße
1988, sechsteilig, Granit, durchschnittliche Höhe ca. 350 cm, Seiten ca. 100 x 100 cm

28
Westfriedhof, Eingangsbereich Dachauerstraße, zwischen Orpheusstraße und Wintrichring, U1 Stiglmaierplatz, Tram 20, 21 Hanauerstraße
M

»Wird die Oberfläche von Steinen mit Hilfe von Schleifmitteln zum Glanz gebracht, spricht man allgemein von ›Weichheit‹ oder ›Härte‹ des Steins. Für mich als Steinbildhauer ist ›Weichheit‹ eines Steins sein kleinster Raum, der zunächst mittels Entnahme seiner Substanz entsteht und sich dann durch Flexibilität und Schwere der Materie wieder verschließt.
Greife ich in den Stein von innen mit dem Trennseil so ein, daß seine ›Substanzentnahme‹ erhalten bleibt, spreche ich von Hülle und Kern. Dabei wird seine ›Härte‹ (Stabilität) freigelegt, die den herkömmlichen Begriff von Positiv und Negativ anders erscheinen läßt.« 1996

1944 geboren in Starnberg.
Studium an der Akademie der Bildenden Künste, München (1969–75); lebt in München.

Einzelausstellungen:
Galerie Walter Storms, München (1980/94), Kunstverein für die Rheinlande und Westfalen, Düsseldorf (1987), Künstlerwerkstatt Lothringer Straße, München (1987), Städtische Galerie Göppingen (1992), Steine Geöffnet Öffentlich, Bayerisches Hauptstaatsarchiv, Schönfeldstraße München (1992), 3 x Skulpturen in München (1994), Lindinger + Schmid, Regensburg (1994), Steininstallation in Alexeij Sagerers ›Götterdämmerung‹, Marstall, München (1995)

Gruppenausstellungen:
Aus Münchner Ateliers 2, Künstlerwerkstatt Lothringer Straße, München (1982), von hier aus, Messegelände Halle 13, Düsseldorf (1984), Focus 88, Kunsthalle der Hypo-Kulturstiftung, München (1988), Skulptur begreifen, Sprengelmuseum, Hannover (1990)

Nikolaus Gerhart

Geöffnete Granite II
1992, achtteilig, Höhe 350 bis 480 cm

86

Europäisches Patentamt, Innenhof, Bayerstraße 34, S1–8, U1,2,4,5 Hauptbahnhof, Tram 18, 19 Hermann-Lingg-Straße

»›Preller‹ im polierten Marmor entstehen durch Biegung seiner Molekularstruktur mit Hilfe von stumpfen, schweren Eisengegenständen. ›Geprellt‹ bezeichne ich den üblichen Umgang mit poliertem Marmor.« 1996

Orientierungs-apparat/rosa
1993, Polyester, zweiteilig, je 200 x 135 x 112 cm

53

Hypo-Bank, Münchener Freiheit/Feilitzschstraße (Mo–Fr 8.30–12.30 Uhr und 13.45–15.45 Uhr, Do bis 17.30 Uhr), U3,6, Bus 33, 43, 54 Münchener Freiheit

1961 geboren in Herford. Studium an der Staatlichen Kunstakademie Düsseldorf bei Klaus Rinke (1981–86); lebt in Berlin.

Einzelausstellungen:
Kunstverein für die Rheinlande und Westfalen, Düsseldorf (1989), Staatliche Kunsthalle Baden-Baden (1990), Städtische Kunsthalle Düsseldorf (1991), Kunsthalle Kiel (1993), Maximilian Verlag Sabine Knust, München (1995)

Gruppenausstellungen:
The Readymade Boomerang, Biennale Sydney (1990), Aperto, XLIV. Biennale Venedig (1990), Westfälischer Kunstverein, Münster (1991/92), Passageworks, Rooseum-Center for Contemporary Art, Malmö (1993), Biennale São Paulo (1994)

»Das Gute Museum
Das Gebäude ist aus Schnee gebaut. Die Decken sind aus Eis. Die Böden sind nach langem Kampf mit dem Fachmann fertiggestellt worden. Es sind rutschige an- und absteigende Schlitterbahnen, von denen Räume abgehen, in denen sich von Künstlern selbstentworfene Kunstwerke befinden – an den richtigen Stellen aufgebaut. Im Eingang steht ein Automat, vor Kälte klappernd, und wirft in hohem Bogen Münzen durch die Eingangshalle. Dazu versetzt er mit Wucht die fragwürdigen Laute ›Landesamt für Besoldung‹. Im Erdgeschoß befindet sich das Ressourcenzentrum, in dem die Frage des Menschenrechtes auf Energie gestellt wird. Dahinter liegt der Raum für Egoismus, der aus einem pirouettendrehenden Wirbelsturm besteht, der sich genau so viel Platz nehmen kann, wie er in seiner Rotation braucht.
Darin schließt die geheizte Tagesstätte ›bessere Welt‹ für Kunstsammler an. Dieser Raum, der in die Geborgenheit lockt, wird durch Salzsäulen getragen, an denen die Schwundstufen des schmelzenden Eises ablesbar sind. Direkt darüber liegt der Raum gegen den Ungeist, der nach oben offen ist. Daneben gibt es eine durchgangsähnliche Situation, in der Erbsen ausgestreut und Spinnräder aufgestellt wurden. Dort kann das Geschlecht der anwesenden Personen erkannt werden. Es gibt allerdings auch Personen, die die List durchschauen, sich Gewalt antun und fest über die Erbsen schreiten oder die Spinnräder unbeobachtet lassen. Außerdem gibt es dort den Versuch, die Geschlechterfrage nach der homöopathischen Methode zu lösen – Gleiches mit Gleichem zu heilen. Der Toilettenraum – der *everybody's darling room*, der im Sommer als Kühlungsstätte eingerichtet wird, bietet einen weiten Blick über den mit Schnee bedeckten, glitzernden Skulpturengarten, in dem verschiedene Schneekugeln in Menschengröße aufgebaut sind, die entweder bejahende oder verneinende Kopfbewegungen machen und dazu ›ICH WILL‹ oder ›ICH WILL NICHT‹ und stündlich ›KUKUK‹ von sich geben.
Außerdem ist dort eine ansässige, seltene Vogelart zu beobachten, die im Kollektiv, bestehend aus drei Männern und einer Frau, Brutpflege betreiben – ganz friedlich. Selten passiert es, daß eine andere Frau vorbeikommt, die gerade auf Männersuche ist und alles kaputt macht.« 1996

Willkommen im

Barbara Hammann

Palestina Girl
1989, Cibachromedia, Edelstahl Hochglanz, 200 x 300 x 30 cm

106

Jugendzentrum, Einsteinstraße 90, U 4, 5 Max-Weber-Platz, Bus 91, 191 Flurstraße
M

»DIE ZÄRTLICHKEIT DES AUGENBLICKS
Sich entblößen, die Verblödung durch die Medien herausschreien, selber zum Medium werden, die radikale Prostitution. Ich lasse mich auf kein Medium eingrenzen, arbeite mit Video, Performance, Fotografie, Installation, Zeichnung, Malerei, meinem Körper, meiner Stimme. (...)
In dieser arbeitsteilig strukturierten, partriarchalisch dominierten Gesellschaft kann ich nur überleben, indem ich meinen Wünschen, meinen Vorstellungen, Ängsten Ausdruck gebe. Das, was man als Kunst bezeichnet, ist mir so selbstverständlich wie ein Blick auf die Straße, ein Gespräch mit Freunden. Die durch die Kultur unterdrückte Sinnlichkeit, d.h. das natürliche Verhältnis zum Körper, zu mir und damit zu den anderen wiederzufinden, ist durch die Selbsterfahrung mit dem Medium Video möglich.« 1981

1945 geboren in Hamburg.
Promotion Kunstgeschichte, Universität München (1972), Arbeit mit Video (1978), Professur an der Universität Gesamthochschule Kassel (seit 1992); lebt in München und Kassel.

Ausstellungen:
Videowochen, Museum Folkwang, Essen (1979), Kritik und Kunst, Kunstverein München (1980), Deutsche Kunst der 70er Jahre, Musée d'Art Moderne, Paris (1981), Videokunst in Deutschland, Kunstverein Köln, Nationalgalerie Berlin (1982), Videokunst in Deutschland, Städtische Galerie im Lenbachhaus, München (1983), German Video Art, Museum of Modern Art, New York (1983), Mit Haut und Haar, Kunstverein München (1984), augenblickmal – Videokunst, Museum Ulm (1988), Tonight, Glyptothek, München (1988), Touch and go, Nationalgalerie in der Grundkreditbank, Berlin (1989), Slow Motion, Staatsgalerie München (1991), RAM, Badischer Kunstverein, Karlsruhe (1995), KünstlerProfessorInnen, Kasseler Kunstverein, Kassel (1996)

Erich Hauser

Doppelsäule
1970, Edelstahl, 750 x 400 x 300 cm (aufgestellt 1984)

63

Skulpturenpark Alte Pinakothek, Theresienstraße, U2 Königsplatz, Tram 27 Pinakothek

»Ich mache Plastiken aus Stahl, sehr konkret, runde Sachen, glaube ich. Sie sind vielleicht ein bißchen größer als was man sonst in Galerien sieht, aber ich sehe meine Arbeiten eben gerne im Freien, bei Tageslicht und unter Menschen. Denn ich meine die Umgebung, den Körper, den Umgang. (...)
Ich habe in den letzten Jahren feststellen müssen sehr zu meiner Überraschung, daß ich eine Art politischer Künstler bin, jedenfalls was die Wirkung angeht. Auf meine Plastiken wird geschossen, Stadträte ereifern sich, Bürger werden initiativ. Obwohl es an Zeugnissen in Schrift und Tat nicht fehlt, habe ich bis heute nicht herausfinden können, was der Grund für diese Aufregung ist.«
1976

1930 geboren in Rietheim/Kreis Tuttlingen. Lehre als Stahlgraveur in Tuttlingen (1945–48), Abendkurse an der Freien Kunstschule Stuttgart, Abteilung Bildhauerei (1949–51), Gastdozent an der Hochschule für Bildende Künste, Hamburg (1964–65), Gastprofessur an der Hochschule für Bildende Künste in Berlin (1984–85), lebt in Rottweil.

Einzelausstellungen:
Kunstverein Freiburg (1961), Museum der Stadt Ulm (1964), Kunsthalle Mannheim (1966), Württembergischer Kunstverein, Stuttgart (1970), Kunsthalle zu Kiel (1973), Kunstverein Braunschweig (1974), Forum Kunst, Rottweil (1978), Kunstverein Ludwigsburg (1988)

Gruppenausstellungen:
documenta 3, Kassel (1964), documenta 4, Kassel (1968), Jetzt, Kunsthalle Köln (1970)

Bernhard Heiliger

Flügelmotiv
1975, Bronze, Höhe 420 cm (ohne Sockel)

57

Am Tucherpark/ Sederanger, am Eisbach (Bayerische Rückversicherung, IBM, Landeszentralbank), Bus 54 Tucherpark

»Kunst hat nichts Spektakuläres, hat nichts mit Spektakel zu tun. Kunst kommt allein aus der Stille. Das wird heute oft verwechselt. Nur das Besondere aber ist still, wirkt auf den Betrachter und erreicht ihn, gleich an welchem Ort.«

»Mit schwebt eine Symbiose zwischen Technik und Natur vor.«

»Die Fantasie, immer wieder die Fantasie – sie ist wohl die größte Triebfeder unserer gesamten Arbeit.« 1985

1915 geboren in Stettin, 1995 gestorben in Berlin. Studium in Stettin, Paris, Berlin (1938–41), Professor an der Hochschule für Bildende Künste, Berlin (1950–84).

Einzelausstellungen:
Museum am Ostwall, Dortmund, Wanderausstellung (1951/52), Galerie Günther Franke, München (1960/65/70), Retrospektive, Akademie der Künste, Berlin, Saarlandmuseum, Saarbrücken (1975), Wilhelm-Lehmbruck-Museum, Duisburg (1985), Nationalgalerie, Staatliche Museen, Preußischer Kulturbesitz, Berlin (1991), Galerie Dube, München (1992), Kunst- und Ausstellungshalle der Bundesrepublik Deutschland, Bonn (1995)

Gruppenausstellungen:
documenta 1, Kassel (1955), documenta 2, Kassel (1959), documenta 3, Kassel (1964)

o. T. (»Professor-Erich-Schulze-Brunnen«, »GEMA-Brunnen«)
1989, Messing, Naturstein, Wasser, Höhe 750 cm

22
Gasteig/GEMA, Rosenheimer Straße 11, S1–8, Bus 51 Rosenheimer Platz, Tram 18 Gasteig

»Ich wollte diejenigen Dinge, die Flugzeuge, Schiffe, Raketen, Automobile, Kraftmaschinen, Wasser-, Wind-Räder, Kraftwerke, Zeppeline, Symbole des abendländisch-technischen Fortschritts, ich wollte sie zerschellen lassen an den Bedingungen ihrer Existenzmedien, (...) das Flugzeug sollte im Wasser ersaufen, das Schiff im Trocknen versanden. Der Propeller des Luftschiffes sollte sich nur im auftriebhemmenden Wasserstrahl in Bewegung setzen. Der Leuchtturm die Blockade sein für die Schiffahrt. Der große Traum – von Weltveränderung zum utopisch Besseren-Paradies. Wahntraum Rauschtraum Verkehrte Welt.«
1984/85

1956 geboren in München.
Studium an der Akademie der Bildenden Künste, München (1976–81); lebt in München.

Einzelausstellungen:
Postamt München 40 (1980), Galerie Dany Keller, München (1980), Kunstforum, Städtische Galerie im Lenbachhaus, München (1983), Städtisches Museum Abteiberg, Mönchengladbach (1984), Galerie Walter Storms, München (1984/94), Josef-Haubrich-Kunsthalle, Köln (1986), Städtische Galerie im Lenbachhaus, München (1991), Museum der Technik, Kunstmuseum Heidenheim (1994), Planetarium, Forum der Kunst, Rottweil (1995)

Gruppenausstellungen:
documenta 7, Kassel (1982), Künstlerwerkstatt Lothringer Straße, München (1982), XVIII. Biennale von São Paulo (1985), Raumbilder, Centro de Arte Reina Sofia, Madrid (1987), documenta 8, Kassel (1987), Museum of Nature and Science, Kunsthalle der Hypo-Kulturstiftung, München (1988), Ortobotanico, Steirischer Herbst, Graz (1989)

Albert Hien

o.T.
1996, Kupfer, Messing, Stahl, Glas, Licht, Wasser, 26 x 11,8 x 8,6 m

108

Vereinte Versicherungen, Fritz-Schäffer-Straße 9 (geöffnet Mo–Fr 8–16 Uhr, Anmeldung am Empfang), U2, 5 Neuperlach

»Das Museo Grosso ist das Wunschbild eines Universalmuseums, eines Ortes, an dem es gelingt, ausgewählte Teilstücke dieser Welt in einen Ordnungszusammenhang zu bringen. Dieses Museum bliebe im Grunde seines Wesens ein archäologisches, was die Rekonstruktion von Zusammenhängen anbelangt. Konstruiert würde da aufgrund von Vermutungen, Vorstellungen, Wissen, Träumen ...« 1988/89

Ulrich Horndash

... le centre est partout, la circonférence nulle part.
1992, Deckengemälde, 64teiliger Farbkreis, ∅ 640 cm

1

Lenbachhaus, Treppenaufgang, Luisenstraße 33 (Di–So 10–18 Uhr, Do 10–22 Uhr), U2 Königsplatz
M

»Gedankliche Abstraktion in die Anschaulichkeit gesetzt, physiologische Grundlage der Kunst. Starke Beteiligung der Sinne: Kunst empfinden. Die Expansion der Farbe über den gesamten Raum übt etwas wie Zwang auf uns aus. Anschein der Notwendigkeit. Die Überzeugung der Sinne ist tiefer, nachhaltiger. Die Anschauung gewinnt eine Kraft, die dem Begriff überlegen ist. Der ganze Körper geht im Auge auf. Der Mensch tritt durch das Auge in den Zyklus eines Ereignisses und nimmt an der symbolischen Ordnung teil.«
1992

1951 geboren in München, lebt in München.

Einzelausstellungen:
Der Weg lohnt sich, Kunstforum, Städtische Galerie im Lenbachhaus, München (1982), Galerie Rüdiger Schöttle, München (1983), Tricolore, Galerie Tanit, München (1985), Hellas, Galerie Tanit, München (1987), Alter ego, Magasin, Centre National d'Art Contemporain, Grenoble (1989), Veduta, Galerie Tanit, München (1991), Immer: Grundriß! Kinder! Kinder!, Städtische Galerie im Lenbachhaus, München (1992), Geometrie, Kunstverein Salzburg (1992), o.T., Galerie Tanit, München (1995)

Gruppenausstellungen:
Kunst im öffentlichen Raum, Kunstverein, München (1981), Focus München, Kunsthalle der Hypo-Kulturstiftung, München (1988), Wirklichkeit im Bild aufheben – Kunst aus München, Steirischer Herbst, Graz (1989), Münchner Räume, Stadtmuseum München (1991), Gestaltete Räume, Büro Orange Siemens, München (1992), 1:1 – Wandmalerei, Künstlerwerkstatt Lothringerstraße, München (1995)

Lufthansa

Stephan Huber

Die Alpen
1992, hängender Brunnen über drei Innenraumstockwerke, Glasmosaik (10 Graustufen, computergerastert, 280 000 Teile, 250 x 330 cm), Wasser, Glasplatte (360 x 360 cm), Trog (Länge 400 cm, Breite 180 cm, Höhe 170 cm), Gesamthöhe 13 m

69

Flughafen, Terminal, Abflug/Ankunft A, S8 Flughafen

»Ich habe mich immer zum Regionalismus bekannt. Regionalismus hat nichts mit provinzieller Haltung, mit geistiger Peripherie oder örtlich begrenztem Arbeitsgebiet zu tun. Dieser Begriff impliziert die Kraft authentischer Erkennungsmerkmale, er ist verknüpft mit der Hoffnung, den Assimilierungsbestrebungen ein Ende zu setzen. ›Im Ganzen liegt das Unwahre‹ (Adorno); nicht die internationalisierte, im merkantilen Esperanto verschliffene Kunst schützt uns vor dem ästhetischen Unisono, sondern die Empfindung für die eigene Herkunft, das Wissen um die kontinuierliche Entwicklung und der Mut zur Erinnerung.« 1991

1952 geboren in Lindenberg im Allgäu. Akademie der Bildenden Künste, München (1972–1978); lebt in München.

Einzelausstellungen:
Das Mehl, Kunstforum, Städtische Galerie im Lenbachhaus, München (1980), Fliegen und Ratten, Städtische Galerie im Lenbachhaus, München (1981), Fabrikenliebe, Dany Keller Galerie, München (1983), Das Spielzimmer, Kunstverein Bonn (1984), Rote Sonnen, Kunstraum, München (1986), als ich noch ein waldbauernbub war (o.ä.), Galerie Six Friedrich, München (1995)

Gruppenausstellungen:
documenta 8, Kassel (1987), Edinburgh International – Reason and Emotion in Art, Royal Scottish Academy, Edinburgh (1987), In Between and Beyond – From Germany, Power Plant, Toronto (1989), Strange Hotel, Kunstmuseum Aarhus (1993)

Stephan Huber

Rotwand: diaphan
1995, Poroton-Ziegel, Drahtseile, Eichenparkett, Gesamthöhe ca. 15 m, Mauer 10 m

1

Lenbachhaus, Luisenstraße 33 (geöffnet Di–So 10–18 Uhr, Do 10–20 Uhr), U2 Königsplatz
M

»(...) über das Sehen entsteht Spüren. Und er [der Betrachter] sieht, daß sie [die Wand] an Drahtseilen von der Decke hängt. Es ist dies surreale Bild der Aufhebung der bekannten Wahrnehmung, daß eigentlich etwas ganz Statuarisches, also eine Mauer, in eine Art Schwebezustand versetzt ist, und im Grunde mit Gewicht und Masse gespielt wird, also auch ähnlich dem hängenden Brunnen am Flughafen München. Ich löse Dinge auf, oder ich entferne die Dinge von der Erde, die nicht entfernt werden können, weil sie das Fundament brauchen, und ich befreie sie von ihrem Gewicht. Banales, was jeder kennt, verändert sich so, wie es noch niemand gesehen hat. Die Dimension der Trennung durch eine Mauer wird relativiert, sie ist nur noch Mobile im Raum. Es ist die maximalste Auflösung, die eine Mauer erfahren kann. Es ist eigentlich die Auflösung der Idee des Festgefügten, und im selben Moment ja auch nicht, weil sie ja noch da ist.« 1994

Magdalena Jetelová

Aus dem Zyklus: Treppen
1982/90, Brunnenskulptur, Granit aus Andeer/Schweiz, Höhe 400 cm

84

Schweizer Platz, U3 Fürstenried West
M

»+ through division there springs the hope of renewal, but is also proof of relatedness + division thereby becomes an expression of unity + the relationship between the object/the whole among the individual universes, galaxies, planets, continents, countries, people, mother, child, atoms and electrons –«

»+ der Teilung entspringt die Hoffnung auf Erneuerung, ist aber ebenso Beweis für Verwandtheit + Teilung wird so zum Ausdruck der Einheit + der Beziehung zwischen dem Objekt/dem Ganzen unter den individuellen Universen, Galaxien, Planeten, Kontinenten, Ländern, Menschen, Mutter, Kind, Atomen und Elektronen –« 1993

1946 geboren in Semily/ehemalige Tschechoslowakei.
Studium an der Akademie der Bildenden Künste, Prag (1965–67), Studium an der Accademia di Brera, Mailand (1967–68), Fortsetzung des Studiums an der Akademie der Bildenden Künste, Prag (1968–71), Emigration in die Bundesrepublik Deutschland (1985), Gastprofessur an der Akademie der Bildenden Künste, München (1988), Professur an der Staatlichen Kunstakademie Düsseldorf (seit 1990); lebt in der Nähe von Köln.

Einzelausstellungen:
Galerie Walter Storms, München (1984/91/94/96), Staatliche Kunsthalle Baden-Baden (1986), Project Room, The Museum of Modern Art, New York (1987), Kunsthalle Hamburg (1988), Städtische Galerie, Göppingen (1990), Domestizierung einer Pyramide, Museum für angewandte Kunst, Wien (1992), Iceland Project, Belveder, Prag (1993), Translocation, Kunstverein Hannover (1994), Translocation II, Institut Mathildenhöhe, Darmstadt (1996)

Gruppenausstellungen:
8 Künstler aus Prag, Künstlerwerkstatt Lothringer Straße, München (1983), documenta 8, Kassel (1987), Europa, Europa, Kunst- und Ausstellungshalle der Bundesrepublik Deutschland, Bonn (1994), Der Riß im Raum, Martin-Gropius Bau, Berlin (1995), Mirades (sobre el Museo), Museo D'Art Contemporani, Barcelona (1996)

Stephan Kern

o.T.
1990, Wandobjekte, siebenteilig, Edelstahl, teils lackiert, Bronze- und Aluminiumguß

60

Technische Universität München, auf zwei gegenüberliegenden Häuserfassaden, Heßstraße 5, Durchgang zur Theresienstraße, U2 Königsplatz, Tram 27 Pinakothek

Jorge Luis Borges:
»eine gewisse chinesische Enzyklopädie, in der es heißt, daß ›die Tiere sich wie folgt gruppieren: a) Tiere, die dem Kaiser gehören, b) einbalsamierte Tiere, c) gezähmte, d) Milchschweine, e) Sirenen, f) Fabeltiere, g) herrenlose Hunde, h) in diese Gruppierung gehörige, i) die sich wie Tolle gebärden, k) die mit einem ganz feinen Pinsel aus Kamelhaar gezeichnet sind, l) und so weiter, m) die den Wasserkrug zerbrochen haben, n) die von weitem wie Fliegen aussehen‹.«

1955 geboren in Ludwigshafen.
Akademie der Bildenden Künste, München, bei K.F. Dahmen und Fritz G. Scheuer (1978–83); lebt in München.

Einzelausstellungen:
Kunstforum, Städtische Galerie im Lenbachhaus, München (1981), Künstlerhaus Hamburg (1983), Forum Kunst, Rottweil (1984), Galerie Wittenbrink, München (1984/93/96), Künstlerwerkstatt Lothringer Straße, München (1985), Ulmer Museum (1991), Kunstverein Bremerhaven (1994)

Gruppenausstellungen:
Dimension V, Skulptur heute, Köln/Berlin/München (1986/87)

Philipp King

Cross Bend (Stürzende geometrische Formen)
1980, schweißbares Stahlblech mit Korrosionsschutz und Farbanstrich, Höhe ca. 850 cm

20

Europäisches Patentamt, Erhardtstraße 27, Bus 52, 56 Baaderstraße

»Wenn meine Arbeiten Assoziationen wachrufen, so beziehen sich diese eher auf Naturphänomene (wie aufsteigendes Wasser, den Akt des Teilens – oder auch Bilder reflektierenden Lichts usw.), nicht aber auf Gegenstände.

Ungegenständliche Plastik führt zu einer neuen Freiheit – eine Form war aus sich selbst heraus eine Form und konnte durch Stellung und Farbe wirken, nicht durch Struktur und Assoziation.«
1966

1934 geboren in Kheredine in der Nähe von Karthago/Tunesien, Übersiedlung nach England (1946).
Studium moderner Sprachen am Christ's College, Cambridge (1954–57), Studium der Bildhauerei an der St. Martin's School of Art, London (1957–58), Assistent von Henry Moore (1959–60), Dozent an der Slade School of Fine Art, London (1967–68), Professur für Bildhauerei an der Hochschule der Künste, Berlin (1979–80), Professur für Bildhauerei am Royal College of Art, London (1980–90), Professur für Bildhauerei an den Royal Academy Schools, London (1990); lebt in London.

Einzelausstellungen:
Whitechapel Gallery, London (1968), Kunsthalle Düsseldorf (1974), Fruit Market Gallery, Edinburgh (1981), Städtische Kunsthalle, Mannheim (1992), Le Musée des Beaux Arts, Le Havre (1993)

Gruppenausstellungen:
documenta 3, Kassel (1964), documenta 4, Kassel (1968), XXXIV. Biennale Venedig (1968), British Artists of the 60's, Tate Gallery, London (1976), British Sculpture in the Twentieth Century, Part 2, Whitechapel Gallery, London (1982)

Per Kirkeby

Landschaft
1987, Öl auf Leinwand, ca. 350 x 300 cm

22

Gasteig, 1. Stock beim Carl-Orff-Saal, Rosenheimer Straße 5 (Mo–Fr 8–ca. 22 Uhr, Sa/So abhängig von Veranstaltungen), S1–8, Bus 51 Rosenheimer Platz, Tram 18 Gasteig

»Die ›Landschaft‹ ist ein Bild, ein Raum, eine Struktur. Ein Baum! Ist es ein ›richtiger‹ Baum oder ein Code mit einem schweren Ballast von Geschichte, eine ›ikonoklastisch‹ abgeklärte Signatur? Aber selbst die naturalistische Schilderung eines Baumes, so natürlich sie aussehen, so ›landschaftlich‹ sie sein mag, hat einen Schatten. Warum gerade das malen, warum finden wir es hübsch, wenn es schön aussieht, warum finden wir, daß das das ›Schöne‹ sei? Weil hinter jedem Baum der Tod auf der Lauer liegt. Deshalb ist das Schöne so dicht am Häßlichen. Die Schönheit besteht nur im Negativen, als eine Art umgekehrte Bestätigung der Nähe des Todes, des Todes des ›Häßlichen‹. Das sind die pornographischen Wurzeln der schönen Bäume.« 1993

1938 geboren in Kopenhagen/Dänemark. Studium der Geologie an der Universität von Kopenhagen, Abschluß mit Promotion (1957–64), Eintritt in die Experimental Art School, Kopenhagen (1962–64), Professur an der Kunstakademie in Karlsruhe (1978), Professur an der Staatlichen Hochschule für Bildende Künste, Städelschule, Frankfurt am Main (seit 1989); lebt in Kopenhagen, Laso, Frankfurt am Main und Arnasco.

Einzelausstellungen:
Museum Folkwang, Essen (Bilder, Backsteinskulpturen und Bücher; 1977), Kunstraum München (1978/84), Galerie Fred Jahn, München (1980/81/82/85), Maximilian Verlag Sabine Knust, München (1983/86/90), Galerie Biedermann, München (1990), Städelsches Kunstinstitut, Frankfurt am Main (1990), Kestner-Gesellschaft, Hannover (1991), Haus der Kunst, München (1994/95)

Gruppenausstellungen:
XXXVII. Biennale Venedig (1976), XXXIX. Biennale Venedig (1980), documenta 7 (1982), Kassel, Zeitgeist, Martin-Gropius-Bau, Berlin (1982), Skulptur Projekte in Münster 1987, Westfälisches Landesmuseum (1987), documenta 9, Kassel (1992), XLV. Biennale Venedig (1993)

Große Zwei VI
1973/82, Bronze

73

Krankenhaus München-Bogenhausen, Englschalkingerstraße 77, U4, Bus 88, 188 Arabellapark, Bus 37, 89, 90, 154, 187 Krankenhaus Bogenhausen
M

»Die meisten meiner Arbeiten beinhalten Figürliches, Menschliches und Animalisches. Wollen Figur sein zur Armseligkeit und Größe unserer Existenz. Es geht mir um Formfindungen, die mein Dasein bis an den Rand seiner Faßbarkeit in eine greifbare Bildhaftigkeit bringen. Es geht mir um bildnerische Formulierungen, die unter Belastungen oder Entlastungen wie Angst, Freude, Liebe, Schmerz und Trauer zustande kommen und im Erwecken von Mitgefühl ihre Lebensfähigkeit zeigen.« 1995

1924 geboren in Würzburg.
Akademie der Bildenden Künste, München, bei Anton Hiller (1946–52), Berufung auf den Lehrstuhl für Plastisches Gestalten, Architekturabteilung Technische Universität München (1964); lebt in Ganslberg bei Landshut/Niederbayern.

Einzelausstellungen:
Galerie Günther Franke, München (1959/64), Staatsgalerie moderner Kunst, München (1974), Bayerische Staatsgemäldesammlungen, Neue Pinakothek, München (1988), Akademie der Künste, Berlin (1989), Galerie Pels-Leusden, Villa Grisebach, Berlin (1992), Deutsche Gesellschaft für Christliche Kunst, München (1994)

Gruppenausstellungen:
Maternitas, Weltausstellung Brüssel (1958), XXIX. Biennale Venedig (1958), documenta 2, Kassel (1959), documenta 3, Kassel (1964), XXXII. Biennale Venedig (1964)
Arbeiten im öffentlichen Raum:Große Kugelkaryatide, World Trade Center, New York (1967/71), Mahnmal der Bundesrepublik, ehemaliges Konzentrationslager Mauthausen, Österreich (1982/83)

ZUM ERINNERN ZUM GEDENKEN

Mahnmal zur Erinnerung an die Opfer des Widerstandes gegen den Nationalsozialismus
1996, Gabbro Dolerit Zimbabwe, 160 x 160 x 160 cm, ca. 17 t, Schrift sandgestrahlt, drei Texte: Aus den Flugblättern der Widerstandsbewegung »Die weiße Rose«, 1943; Erwin von Witzleben, Aufruf für den 20. Juli 1944; Josef Hufnagel, 40 Jahre alt, Bauer, 1944

15

Staatskanzlei, Arkadengang, Hofgarten, U3,4,5,6, Bus 53 Odeonsplatz

»Ich glaube, künstlerische Arbeit fordert eine umfassende humane Einstellung. Ich glaube nicht, daß ein Künstler so denkt wie ein Diktator. Wenn man sich in die Öffentlichkeit einmischt, muß man mit allem rechnen, das kann man dann nicht mehr vom elfenbeinernen Turm aus sehen.«

»Man kann Räume herstellen. Wenn da keine Menschen sind, sind sie nicht existent. Ich öffne den Raum für den Menschen. (...) Ich will nicht ins Museum, ich will draußen bleiben. Ich will nur unter die Menschen, in das Gefüge.« 1996

1929 geboren in St. Wendel.
Schreiner- und Holzbildhauerlehre (1943–50), Akademie der Bildenden Künste, München, bei Toni Stadler (1951–57), Lehrstuhl für Bildhauerei in Verbindung mit Architektur an der Akademie der Bildenden Künste, München (1978); lebt in St. Wendel.

Einzelausstellungen:
Galerie Appel und Fertsch, Frankfurt am Main (1965), Innere Linie, Saarlandmuseum Saarbrücken (1984), Galerie Ruppert Walser, München (1988/91/94)

Gruppenausstellungen:
Künstlerwerkstatt Lothringer Straße, München (1980), Skulptur begreifen, Kunstmuseum Hannover, Sammlung Sprengel (1981), Hommage à Barnett Newman, Nationalgalerie Berlin (1982), Dreidimensional, aktuelle Kunst aus der Bundesrepublik Deutschland, Kunsthalle Mannheim (1983), Wilhelm Lehmbruck Museum Duisburg (1983), Skulptur, Villa Stuck, München (1984)

Marie-Jo Lafontaine

Titan
1992/93, Buchenholz, zweiteilig, 576 x 480 x 82 cm

102

Siemens AG, St.-Martin-Straße 76 (geöffnet Mo–Fr 9–16 Uhr), S1,2 St.-Martin-Straße

»Wenn Kunst zum Modegag wird, bleibt sie als kulturelles Ereignis und Medium zur Reflexion gesellschaftlicher Verhältnisse auf der Strecke. Damit verliert die Kunst ihre Aufgabe und ihre Berechtigung. Sie verliert ihre gesellschaftliche Akzeptanz. Sie wird Opfer entweder der Dummheit oder des Zynismus. In jedem Fall aber verliert sie den Kontakt. Ein Medium, das keinen Kontakt mehr haben kann, ist tot.« 1996

1950 geboren in Antwerpen/Belgien.
Studium an der Ecole Nationale Supérieure d'Architecture et des Arts Visuels La Cambre, Brüssel, Beginn monochromer textiler Wandarbeiten (1977), Beginn Environments mit Videoskulpturen (1980), Professorin für mediales und plastisches Gestalten an der Staatlichen Hochschule für Gestaltung Karlsruhe (seit 1992), lebt in Brüssel.

Einzelausstellungen:
Musée National d'Art Moderne im Centre Georges Pompidou, Paris (1981), Tate Gallery, London (1985), Sprengel Museum Hannover (1986), Museum für Gegenwartskunst, Basel (1988), Galerie Walter Storms, München (1988/1991), Museum of Contemporary Art, Los Angeles (1988), Städtische Galerie Göppingen (1990/91), Tel Aviv Museum of Art, Israel (1992)

Gruppenausstellungen:
Palais des Beaux Arts, Brüssel (1980), documenta 8, Kassel (1987)

Alf Lechner

Stahlblatt Nr. 3
1986, Stahl, gewalzt, gebogen, geschnitten, 110 x 170 x 821 cm, 9930 kg, Biegeradius 8,21 m, Bogenumfang = $^{1}/_{6}$ Kreisumfang, Materialstärke 90 mm

1

Lenbachhaus, Luisenstraße 33/Königsplatz, U2 Königsplatz
M

»Mein plastisches Werk besteht aus
Zusammenhängen zwischen
Linie – Fläche, und Körper – Raum.

Diese realen Voraussetzungen
erfahren durch einen bestimmten Prozeß
Umformung, Auflösung, Reduzierung,
eine neue Sinnlichkeit.

Der Mensch kann sie umschreiten,
von allen Seiten wahrnehmen und erlebt
dabei überraschende Konstellationen.« 1987

1925 geboren in München.
Schüler des See- und Landschaftsmalers Alf Bachmann (bis 1948), Schlosserausbildung, Gründung eines Metallverarbeitungsbetriebes (1948–63), erste Stahlskulpturen (1957); lebt in Geretsried bei München.

Einzelausstellungen:
Galerie Heseler München (1968), Staatsgalerie moderner Kunst, München, und Galerie Stangl vor der Alten Pinakothek und in der Galerie, Brienner Straße 11 (1973), Wilhelm Lehmbruck Museum Duisburg (1974), Städtische Galerie im Lenbachhaus, München (1976), Galerie Rupert Walser, München (1982/94/95), Staatsgalerie moderner Kunst, München (1985), Städtische Galerie im Lenbachhaus, München (1990), Künstlerwerkstatt Lothringer Straße, München (1990), Galerie Paal, München (1995), Wilhelm Lehmbruck Museum Duisburg (1995)

Gruppenausstellungen:
Kunst – Landschaft – Architektur, Nationalgalerie, Berlin (1985), Aus Münchner Ateliers, Künstlerwerkstatt Lothringer Straße, München (1990)

Alf Lechner

Prisma I, Prisma II
1995, zwei Skulpturen, Stahl, massiv, je 425 x 141 x 100 cm, je 17 t

96

Maximilianeum, Innenhof, Max-Planck-Straße 1, U4,5, Tram 18, 19, Bus 51, 91, 191, 192 Max-Weber-Platz

»Ich arbeite mit massivem Stahl.
Gewichts- und Maßgesetze haben großen
Einfluß auf die Formergebnisse
meiner Arbeiten.

Winkel verändern Perspektiven der Räume.

Linien proportionieren Flächen
und schaffen Zwischenräume.

Zwischenräume gliedern die Massen,
steigern die Aggressivität, zwingen zum Denken.«

1987

Bernhard Luginbühl

Blauer Ritter
1980, Holz, Höhe 330 cm

21

Europäisches Patentamt, Erhardtstraße 27 (Voranmeldung, Tel. 2399–4353), Bus 52, 56 Baaderstraße

»Jeder Mensch ist ein Sammler. Das ist angeboren. Er muß sammeln, um zu überleben. Und er bekommt nie genug, das ist eine richtige Leidenschaft. Ich sammle Kunst und natürlich auch Eisen. Und der Künstler ist nun einfach der Mensch, der optische Sachen herstellt, die man sammeln kann. Die Künstler müßten nur mehr Macht haben.« 1989

1929 geboren in Bern, lebt in Mötschwil/ Schweiz.

Einzelausstellungen:
Badischer Kunstverein, Karlsruhe (1969), Nationalgalerie, Berlin (1972), Kestner-Gesellschaft, Hannover (1975), Stedelijk Museum, Amsterdam (1975), Sezession, Wien (1978), Kunstmuseum, Solothurn (1984), Kunstmuseum Bern (1989)

Gruppenausstellungen:
XXVIII. Biennale, Venedig (1956), XXXII. Biennale Venedig , documenta 3, Kassel (1964), Schweizer Zeichnungen im 20. Jahrhundert, Staatliche Graphische Sammlung, München (1971), XXXVII. Biennale Venedig (1976), Jean Tinguely & Bernhard Luginbühl im Städel, Städelsches Kunstinstitut, Frankfurt am Main (1979)

o.T.
1990/91, Wandmalerei (blau, gelb, rot), elyptischer Grundriß des Treppenhauses 510 x 380 cm, horizontal angebrachte, oval gekrümmte Messingstäbe

4

Oberfinanzdirektion München, Treppenhaus, Barerstraße 2 (Mo–Fr 8.00–16 Uhr), S1–7, U4,5 Stachus, Tram 27 Ottostraße

»Ich denke, mir bleibt der Künstler verschlossen, der heute mit zwei Nägeln auskommt und sein Bild daran aufhängt. Der Raum, den das Bild auf der Wand ausschneidet, ist genauso wichtig wie das Bild selber. Deswegen ist das nicht eine Inszenierung, ein Environment – das sind verfallene Begriffe –, sondern es ist der Zusammenhang mit Architektur gemeint, mit Architektur als Realität. Wenn ein Bild innerhalb einer Architektur richtig verwaltet ist, dann hat man die erste Stufe einer Sinnstiftung erreicht. Das ist keine neue Erkenntnis und wurde in universalen Kulturen gewußt.
Wenn ein Gleichklang zwischen Architektur und Bild erreicht wird, dann ist das kein Dekor, sondern dann ist das ein Hinweis auf Universalität, auf Totalität des Denkens.« 1987

1947 geboren in Mammendorf bei München. Studium an der Akademie der Bildenden Künste, München (1969–73), Professur an der Kunstakademie Düsseldorf; lebt in Köln.

Einzelausstellungen:
Kunstraum München (1975), 70 Zeichnungen Waagrecht-Senkrecht, Galerie Rüdiger Schöttle, München (1975), Rot – Blau – Gelb, Galerie Heiner Friedrich, München (1975), Kunstforum, Städtische Galerie im Lenbachhhaus München / Galerie Schellmann und Klüser (1978), Zuschauer. I love my time. Beton, Kunstraum München (1982), Dove Sta Memoria, Kunstverein München (1986), Salve MCMLXXXVII, Staatliche Kunsthalle Baden-Baden (1987), Inferno, Galerie Tanit, München (1988), Costruire, Kunsthalle Zürich (1989), De Ordine Geometrico, Stichting de Appel, Amsterdam (1990), Archipittura, Deichtorhallen, Hamburg, Hamburger Kunsthalle (1992), Kunsthalle Basel (1995)

Gruppenausstellungen:
documenta 6, Kassel (1977),Westkunst, Rheinhallen Köln (1981), documenta 7, Kassel (1982), Aktuell 83, Städtische Galerie im Lenbachhaus, München (1983), Von hier aus, Messehallen Düsseldorf (1984), documenta 8, Kassel (1987), Metropolis, Martin-Gropius-Bau, Berlin (1991), documenta 9, Kassel (1992)

Olaf Metzel

Freitreppe
1994, Stahl verzinkt, Höhe ca. 15 m, ∅ ca. 3 m

35
Zentralverwaltung Goethe-Institut, Innenhof, Helene-Weber-Allee 1, U1,2,4,5 Hauptbahnhof, Tram 20, 21 Heideckstraße

»So wie man früher Ölfarbe oder Holz oder Marmor nahm, so nehme ich heute andere Materialien und versuche daraus Arbeiten oder sagen wir mal Bilder herzustellen. Denn das sind für mich alles Bilder, dreidimensionale Bilder, die eine Zeitform sind.« 1996

1952 geboren in Berlin. Studium an der Freien Universität und an der Hochschule der Künste in Berlin (1971–77), Professur an der Akademie der Bildenden Künste, München (seit 1990); lebt in München.

Einzelausstellungen:
Kunstraum München (1982), Westfälisches Landesmuseum für Kunst und Kulturgeschichte, Münster (1990), Kunstraum München (1990), Hamburger Kunsthalle, Staatliche Kunsthalle Baden-Baden (1992), Freizeitpark, Kunstbau Lenbachhaus München (1996)

Gruppenausstellungen:
von hier aus, Düsseldorf (1984), Skulpturenboulevard Kurfürstendamm Tauentzien, Berlin (1987), documenta 8, Kassel (1987), Skulptur Projekte in Münster (1987), Metropolis, Martin-Gropius-Bau, Berlin (1991)

Liegende Figur (Two Pieces Reclining Figure: Points)
1969/70, Bronze, erste Figur 220,5 x 182 x 166 cm; zweite Figur 155 x 182 x 174,5 cm; Sockel 10,5 x 183 x 365,5 cm

61

Skulpturenpark Alte Pinakothek, Theresienstraße, U2 Königsplatz, Tram Pinakothek

»Dem Bildhauer öffnet sich ein grenzenloser Spielraum. (...) Er möchte, daß seine Werke Schöpfungen seien, neu aus sich selbst heraus. Und keine Kunststücke der Nachahmung oder der Erinnerung, welche, wie die wirklichkeitsgetreuen Wachsfiguren, bloß Wirklichkeiten aus zweiter Hand sind. Die Ziele und Ideale der Bildhauer unterscheiden sich je nach dem Charakter, der Persönlichkeit und der Entwicklungsstufe. Die Plastik, welche mich am stärksten bewegt, ist vollblütig und selbstgenügsam, vollrund, d.h. ihre Formglieder sind vollkommen verwirklicht und arbeiten als entgegengesetzte Massen, nicht bloß als Andeutungen in der Oberflächenbehandlung eines Reliefs. Diese Plastik ist nicht vollkommen symmetrisch, sie ist statisch, stark und von Leben erfüllt, aus ihr kommt etwas von der Energie und Kraft großer Berge. Sie hat ihr eigenes Leben, unabhängig von dem Gegenstand, den sie darstellt.« 1959

1898 geboren in Castleford/Yorkshire, gestorben 1986 in Much Hadham/Hertfordshire. Volksschullehrerstelle (1916), Soldat im Ersten Weltkrieg, Studium an der Leeds School of Arts (1919), Stipendium für das Royal College of Art, London (1921), Lehrer der Bildhauerklasse des Royal College of Art (1924–32), Lehrer an der Chelsea School of Art, London (1932–39).

Ausstellungen:
Abstrakte Kunst, Stedelijk Museum, Amsterdam (1938), Museum of Modern Art, New York (1946), XXIV. Biennale, Venedig (1948), Kunstverein Hamburg (1950), Städtische Kunstsammlungen, Düsseldorf (1950), Haus am Waldsee, Berlin (1952), XXVI. Biennale, Venedig (1952), Haus der Kunst, München (1954), documenta 1, Kassel (1955), documenta 3, Kassel (1959), Henry Moore, 1929–1962, Haus der Kunst, München (1963), documenta 3, Kassel (1964), Tate Gallery, London (1968), Staatsgalerie moderner Kunst, München (1971), documenta 6, Kassel (1977), Tate Gallery, London (1978), Galerie Ruef, Residenz, München (1983)

you can imagine the opposite

Maurizio Nannucci

You can imagine the opposite
1991, Neon,
Länge ca. 13 m

1

Lenbachhaus, Fassade, Luisenstraße 33,
U2 Königsplatz
M

»Die Wiederholung soll nicht so sehr als konstante Verwendung der gleichen Materialien unter ständigem Bezug auf Schrift und Farbe begriffen werden, sondern in Zusammenhang mit der Erinnerung, mit der Verfestigung eines Bildes. Bevor es die Schrift gab, wurde die Wiederholung als Gedächtnisübung zur Bewahrung und Weitergabe von Erinnerung eingesetzt. Sie ließ die Übertragung und Aufwertung von Gemeinplätzen zu. Diese bilden sich dort aus, wo das Gedächtnis in einem reflexiven Bezug auf sich selbst eine Art Zirkelschluß eingeht. Jetzt, beim Formulieren dieser Sätze fällt mir auf, daß ich mehr oder weniger bewußt aus dem Diskurs rund um die Kunst Gemeinplätze hervorhole, die durch ihr Offenlegen an Dynamik gewinnen und sich von der gewohnten Bedeutung loslösen. Durch diese Verschiebung werden die Gemeinplätze ins Licht gerückt und erhalten eine eigene Leuchtkraft. Damit will ich sagen, daß das Leuchtmittel, das ich verwende, das Neon, nicht autonom von der Schrift ist, vielmehr mit ihr zutiefst verbunden, wie Wirkung und Ursache.« 1991

1939 geboren in Florenz/Italien.
In den sechziger Jahren beteiligte sich Nannucci aktiv an den neuen Strömungen der internationalen experimentellen Kunst unter Verwendung neuer Medien wie Audio, Fotografie, Video, Radio, Hologramme; er lebt in Florenz und München.

Einzelausstellungen:
Centro Arte Viva, Triest (1967), Galerie Thomas Keller, München (1971), Galerie Walter Storms, München (1979/89), Frankfurter Kunstverein (1984), Städtische Galerie im Lenbachhaus, München (1991)

Gruppenausstellungen:
documenta 6, Kassel (1977), Künstlerwerkstatt Lothringer Straße, München (1985), documenta 8, Kassel (1987), XLIV. Biennale Venedig (1990)

Maurizio Nannucci

ART
1991, Neon,
250 x 250 cm

1

Lenbachhaus, Cafeteria, Luisenstraße 33 (geöffnet Di–So 10–18 Uhr, Do bis 20 Uhr), U2 Königsplatz
M

»Das Bild, die Definition und der Gegenstand sind für mich nicht nur gleichwertig oder gegenseitig austauschbar, vielmehr fungiert die Schrift selbst als ein Bild in ihrer eigenen sprachfigürlichen Autonomie. Aus dieser daraus entstandenen Isolation erwächst eine widersprüchliche Bewegung, die der eigenen Bedeutung entgegensteht. Manchmal verdeutliche ich diesen Widerspruch, manchmal nicht. Durch die Ausprägung des ikonischen Wertes der Schrift bietet sie sich mir als Alternative zu anderen Bildern oder zu anderen Ikonen an. Dann steht sie ›stellvertretend‹ für etwas, genau wie das schwarze Quadrat von Malewitsch die traditionelle Ikone ersetzte.« 1991

Zwillingsplastik
1972, Labrador, Liechtensteiner Granit, Oberfläche geflammt, Seitenlänge des Kubus 350 cm

59

Bayerische Vereinsbank, Am Tucherpark, Eisbach, Bus 54 Tucherpark

»Der Raum rund um Bauwerke sollte so behandelt werden, daß er eine dramaturgische Bedeutung erhält; die Skulpturen sollten nicht nur ›Objekte‹ sein. Das Skulptieren von Raum – Skulptur, die Raum definiert – kann sogar als Skulptur unsichtbar bleiben und doch als skulpturaler Raum existieren. Die Beziehung des Architekten zum Bildhauer sollte auf dieser Basis überdacht werden. Der Bildhauer ist nicht ein bloßer Dekorateur von Gebäuden, sondern ein ernstzunehmender Partner des Architekten bei der Schöpfung bedeutungsvollen Raums und bedeutungsvoller Formen, die diesen Raum definieren.« 1968

1904 geboren in Los Angeles, gestorben 1988 in New York. Japanisch-amerikanischer Abstammung, lebte in Japan (1906–17), danach meist in den USA. Assistent von Brancusi in Paris (1927), Eröffnung des Isamu Noguchi Garden Museums, Long Island.

Einzelausstellungen:
San Francisco Museum of Art (1942), Museum of Modern Art, New York (1977), Whitney Museum of American Art, New York (1980), National Museum of Modern Art, Tokyo/Japan (1992)

Gruppenausstellungen:
documenta 2, Kassel (1959), XXXVI. Biennale Venedig (1972), Rolywholyover: A Circus for Museum by John Cage, Museum of Contemporary Art, Los Angeles (1993)

Andy
Boris
Christoph
Dagobert
Edmund
Enno
Ferdinand
F
Steigleitung trocken für Feuerwehr
Diskurs
4
Gabi
Geraldine
Gianna

Aribert von Ostrowski

Public Relations
1993/94, Lackfarbe auf Wand, Walzstahlschriften auf Wand (8 mm stark), Versalhöhe der gemalten Schriften 5 cm, Versalhöhe der Stahlschriften 20 cm

10

Kaufinger Tor (Büro-, Geschäfts- und Wohngebäude), die drei Haupttreppenhäuser, Kaufingerstraße 9, Fürstenfelder Straße 9 und Fürstenfelder Straße 5, S1–8, U4,5 Stachus

Agathe
Annabell
Antonia
Barbara
Carla
Cinderella
Claudia
Diana
Elfriede
Ella
Emma
Eva
Flora
Franziska
Frieda
Gabi
Geraldine
Gianna
Gisela
Giulia
Hedi
Hermine
Ilona
Ingrid
Isabella
Katharina
Klara
Laura
Linda
Luitgard
Margarethe
Marie
Meret
Molly
Olga
Ornella
Partricia
Peggy
Rebecca
Renate
Rita
Rosalind
Rosemarie
Saskia
Sonia
Sophia
Susanne
Therese
Tiziana
Violetta

Andy
Boris
Christoph
Dagobert
Edmund
Enno
Ferdinand
Fidel
Fritz
Gerhard
Graham
Guillaume
Gustav
Hans
Heinz
Helge
Helmut
Hias
Immanuel
Iwan
Jacques
Jeff
Jonas
Justin
Karl
László
Leopold
Lothar
Ludwig
Marcel
Maximilian
Mayer
Mies
Nelson
Oskar
Pankraz
Philipp
Rafael
Rainer
Refik
Richard
Rüdiger
Sepp
Sigmund
Sokrates
Thomas
Umberto
Vilém
Walter
Zdenek

1953 geboren in Günsterode/Melsungen. Studium an der Akademie der Bildenden Künste, München (1974–79); lebt in München.

Einzelausstellung:
zeigt Zirkus im Arbeitsamt – nur in dieser Woche, von Montag bis Freitag, 20.10.–24.10., Arbeitsamt, Thalkirchner Straße 54, München (1980) Die selbstorganisierte Ausstellung in den Gängen und Treppenhäusern des Arbeitsamtes beginnt ohne Eröffnung, ist zugänglich während der regulären Öffnungszeiten und läuft nach Auflagen des Amtes ohne öffentliche Ankündigungen und ohne Nennung des Künstlernamens.

Gruppenausstellung:
Munich Courtesies, als Beitrag zu »gut gewachsen – Aktuelle Kunst in München«, Haus der Kunst, München (1995/96)

Fliegender Teppich
1979, Edelstahl, Holzrotoren, Aluminium, 40 Motoren à 12 Volt, Nickel-Kadmium-Batterien, ca. 25 x 300 x 400 cm

21
Europäisches Patentamt, Erhardtstraße 27 (Voranmeldung, Tel. 2399–4353), Bus 52, 56 Baaderstraße

»Die ursprüngliche Idee, aus eigener Kraft zu fliegen, bezog sich auf die Konstruktion einer kleinen, handlichen Maschine von der ungefähren Größe eines Fahrrades – einer Maschine, die man sofort und überall würde benutzen können und mit der es möglich wäre, insektengleich im Wohnzimmer umherzufliegen. Dieser Traum ließ sich eine lange Zeit nicht realisieren – man muß sich nur die riesigen Konstruktionen aus Balsaholz und Plastikfolie vor Augen führen, die, durch menschliche Energie angetrieben, schließlich fähig waren, sich in die Luft zu erheben. Um mit einer kleinen, handlichen Maschine fliegen zu können, braucht man sehr schnell bewegliche Flügel oder Propeller. Die Natur liefert dafür das beste Beispiel: Insekten fliegen mittels schnellen Flügelschlags. Berechnungen der Leistungsfähigkeit eines Insekts mit solch schnellen Flügelschlägen, sehr kleinen Flügeln und seinem relativ schweren Körper führen zu einer hohen PS-Leistung. Müssen also Insekten, die manchmal den ganzen Tag lang von einer Blüte zur nächsten fliegen und Lasten offenbar mühelos tragen, nicht eine andere Art von Mechanismus haben, der nicht auf zurückgelegter Strecke und Druck basiert (wie dies bei der ›Pferdestärke‹ der Fall ist)?« 1975

Geboren 1940 in Antwerpen/Belgien.
Studium an der Royal Academy of Fine Arts, Antwerpen (1955–60), National Higher Institut, Antwerpen (1960); lebt in Antwerpen.

Einzelausstellungen:
Staatliche Kunstakademie Düsseldorf (organisiert von Joseph Beuys; 1968), Das Flugzeug, Städtisches Museum Mönchengladbach (1969), Automobile und Flugmaschinen, Städtische Kunsthalle Düsseldorf (1973), The Aeromodeller, Centre Pompidou, Paris (1981), Haus der Kunst, München (1982), The Automodeller, Kunstverein Hannover (1991)

Gruppenausstellungen:
Prospect 68, Städtische Kunsthalle Düsseldorf (1968), documenta 5, Kassel (1972), Bilder, Objekte, Filme, Konzepte, Städtische Galerie im Lenbachhaus, München (1973), documenta 6, Kassel (1977), Paradoxe des Alltags, Städtische Galerie im Lenbachhaus, München (1991), documenta 9, Kassel (1992)

Eduardo Paolozzi

o. T.
1989, Brunnenanlage, Bronze, Granit

47

Ungererstraße 75/ Fritz-Hommel-Weg, U6 Nordfriedhof (Stadtsparkasse, Schenkung an die Landeshauptstadt München)

»Einigen meiner Freunde, die Architekten sind, würde es nicht im Traum einfallen, Kunstwerke für ihre Bauten zu verwenden. Aber für einen Künstler kann es eine positive Erfahrung sein, große Plastiken und Projekte für Architekten herzustellen. Dadurch erhält er die Möglichkeit, außerhalb seines Studios etwas anzufertigen, vielleicht auch etwas in einer neuen Disziplin auszuprobieren – alles Dinge, die ihm nicht zugänglich wären, wenn er als Künstler sich nur im privaten Bereich bewegen würde. Zudem gibt es einem die Gelegenheit – und dies ist vielleicht auch die entscheidende Bedeutung der Skulptur –, eine Art von Monument zu erschaffen. Es gehört zur großen Tradition der Bildhauerei, daß sie für eine Öffentlichkeit arbeitet, die an ihr auch Gefallen haben soll. Darin muß ihr Schwerpunkt liegen.« 1984

1924 geboren in Leith/Schottland. Studium am Edinburgh College of Art (1943), an der St. Martins School of Art, London (1944) und der Slade School of Fine Art, Oxford und London (1945–47), Dozentur für Textildesign an der Central School of Art and Design, London (1949–55), Dozentur für Bildhauerei an der St. Martins School of Art, London (1955–58), Gastprofessur an der Hochschule für Bildende Künste, Hamburg (1960–62), Dozentur für Keramik am Royal College of Art, London (1968), Professur für Keramik an der Fachhochschule Köln (1977–81), Professur für Bildhauerei an der Akademie der Bildenden Künste, München (1981–89); lebt in London.

Einzelausstellungen:
The Museum of Modern Art, New York (1964), Stedelijk Museum, Amsterdam (1968), Städtische Kunsthalle, Düsseldorf (1968), Tate Gallery, London (1971), Kestner-Gesellschaft, Hannover (1974), Nationalgalerie und Kupferstichkabinett, Berlin (1975), Städtische Galerie im Lenbachhaus, München (1984), Arche Noah, Stadtmuseum München (1990), Europäisches Patentamt, München (1996)

Gruppenausstellungen:
XXVI. Biennale Venedig (1952), documenta 2, Kassel (1959), XXX. Biennale Venedig (1960), documenta 3, Kassel (1964), documenta 4, Kassel (1968), documenta 6, Kassel (1977), Unter Helden und Göttern, Akademie der bildenden Künste in der Glyptothek, München (1988/89), Bildhauerzeichnungen, Akademie der Schönen Künste, München (1995)

Zwei monolithische Granitpfeiler
1991/92, Roggensteiner Granit, 727 x 140 x 110 cm und 767 x 148 x 60 cm

100

Landratsamt, Mariahilfplatz 17, Tram 27, Bus 52 Mariahilfplatz, Bus 56 Schweigerstraße

»Meine zunehmende Vorliebe, am Stein zu arbeiten, gilt der steten Herausforderung, die ich im Widerstand des Materials finde.« 1996

1925 geboren in Ragnit/Ostpreußen. Beginn einer Steinmetzlehre, verbunden mit Naturstudien in der Bildhauerklasse der Meisterschule des Handwerks in Stettin (1942), Fortsetzung früherer Studien bei dem Bildhauer Adam Winter in Mainz-Kastel (1946–48), Studium an der Akademie der Bildenden Künste, München, bei Toni Stadler (1949–55); lebt in München.

Einzelausstellungen:
Galerie Günther Franke, München (1965), Städtische Kunstsammlungen Augsburg (1977), Galerie Biedermann, München (1987/1996), Staatliche Graphische Sammlung München (1987), Kunstverein Rosenheim, Kunst-Mühle (1994), Künstlerwerkstatt Lothringer Straße, München (1996)

Gruppenausstellungen:
Jahresausstellung der Deutschen Akademie Villa Massimo, Rom (1964), Zeichnungen von Bildhauern des 20. Jahrhunderts, Staatsgalerie Stuttgart (1980), Beuys, Bohrmann, Peters, Pichler, Zeichnungen und Graphik, Staatliche Graphische Sammlung München und Galerieverein München e.V. (1980), Bildhauer 95, Kunstverein Augsburg (1995)

NORDB

Anne und Patrick Poirier

Oculus historiae – Oculus memoriae – Oculus oblivionis
1989, vierteilig, Medaillon am Gebäude (Oculus historiae), Aluminiumguß, vergoldet, ∅ ca. 160 cm; Säule (o.T.), Edelstahl, rostfrei, Höhe ca. 855 cm, ∅ Säulenschaft ca. 180 cm, ∅ Säulenbasis ca. 220 cm; zwei Marmorblöcke (Oculus memoriae und Oculus oblivionis), je 160 x 160 x 220 cm

52

Stadtarchiv, Eingang Rotunde, Schleißheimer Straße und gegenüber Nordbad, Schleißheimer Straße 142, Tram 12, 27, Bus 33, 53 Nordbad

M

mit Mitteln des Kulturbaufonds

»Wir bestehen aus Erinnerung. Die Erinnerung ist das, was uns ausmacht, was unser Wesen ausmacht. Ohne Erinnerung sind wir nichts, nur an Gedächtnisschwund Leidende, in einem ewigen Jetzt Lebende, ohne Vergangenheit noch Zukunft. Wenn man ein Wesen zerstören möchte, dann trennt man es von seiner Erinnerung. Wenn man ein Volk zerstören möchte, dann zerstört man oder löscht man seine Kultur aus. Die Erinnerung ist die Bedingung jeden schöpferischen Aktes, jedes Aufbaus der Zukunft, aber wir bestehen auch aus VERGESSEN. Es gibt keine Erinnerung ohne dieses enorme und mächtige Gegengewicht des VERGESSENS. Ist der Schaffende nur ein ARCHÄOLOGE DER ERINNERUNG UND DES VERGESSENS? Wäre somit jede kreative Tätigkeit, jede Entdeckung nur das Ergebnis von Ausgrabungen der Erinnerung, der Ausgrabungen von Mnemosyne?« 1994

1942 geboren in Marseille bzw. Nantes/Frankreich.
Ecole Nationale Supérieure des Arts Décoratifs, Paris (1963–66); leben in Paris und Trevi.

Einzelausstellungen:
Centre Georges Pompidou, Paris, Bonner Kunstverein (1978), The Brooklyn Museum, New York (1984), Kunstforum, Städtische Galerie im Lenbachhaus, München (1988), Galerie Dany Keller, München (1988/93), Museum Moderner Kunst Stiftung Ludwig, Wien (1994)

Gruppenausstellungen:
Spurensicherung, Städtische Galerie im Lenbachhaus, München (1974), XXXVII. Biennale Venedig (1976), documenta 6, Kassel (1977), XXXIX. Biennale Venedig (1980), XLI. Biennale Venedig (1984)

Elliptical Plane in 13 Masses and 2 Scales
1974, Bodenskulptur, Länge 400 cm (im Außenbereich seit 1996)

1

Lenbachhaus, Luisenstraße 33/Königsplatz, U2 Königsplatz

»Die Konstruktion des Maßstabs

Etablierte Stellung von Skulptur in der Welt, d.h. Skulptur nicht eigentlich auf Objekte in der Welt bezogen.

Negiert Bedeutung von ›Objektivität‹ und ›Subjektivität‹, zerstört damit Trennung zwischen ›Körper‹ und ›Geist‹.

Negiert, daß ›wirkliche Welt der Fakten‹ für alle Betrachter dieselbe ist, macht klar, daß grundsätzlich jeder Betrachter zu einer anderen Gruppe gehört.

Negiert Realisierbarkeit der Trennung zwischen ›öffentlich‹ und ›privat‹.

Bilderstürmend: zerstört feststehende Beziehungen (Idealformen, Leitbilder).

Beschreibt externe Welt nur durch Handlungen, weist dabei Unterscheidung zwischen Sehen und Denken zurück und damit auch zwischen Denken und Handeln.« 1971–1975

1943 geboren in Toronto/Kanada.
Studium der Naturwissenschaft und der englischen Literatur an der University of Western Ontario (1963–66), erste Skulpturen (1966), Dozent an der Yale University, New Haven (1974/75), Professur für Bildhauerkunst an der Staatlichen Kunstakademie Düsseldorf (1984); lebt in New York.

Einzelausstellungen:
Kunsthalle Tübingen (1987), Kunsthalle Bielefeld (1988), Kunstmuseum Düsseldorf (1988), Staatliche Kunsthalle Baden-Baden (1992)

Gruppenausstellungen:
documenta 6, Kassel (1977), Skulptur Ausstellung in Münster, Westfälisches Landesmuseum (1977), documenta 7, Kassel (1982), Bodenskulptur, Kunsthalle Bremen (1986), documenta 8, Kassel (1987)

Die Säule
1992, sieben 1,5 m hohe Aluminiumgefäße auf sieben 15 m hohen Betonsäulen

40

Fachhochschule München, Lothstraße 13d und gegenüber Lothstraße 34 , U1 Maillingerstraße, Bus 20, 21 Lothstraße

»Die Stadt ist meine Leidenschaft.
Täglich komme ich mit ihr in Berührung.
Ich gehe über staubiges Pflaster und nassen Asphalt,
über leere Plätze und lärmende Brücken,
sehe blitzblanken Marmor und rostigen Beton,
mächtige Architektur und vergessene Winkel.

Manchmal bleibt der Blick irgendwo hängen.
Es ist wie ein Bild.
Ein Wort fällt mir ein oder ein Gegenstand,
den ich irgendwo sah, der hier aber fehlt
und der doch genau hier unerwartet seinen
Ort finden könnte.

Vielleicht folge ich dem Bild, um aus der Vorstellung
Wirklichkeit werden zu lassen.
Aus der Begrenzung der eigenen Gedanken
und vier Wände hinaus in die Öffentlichkeit
der Straße.

Gegen die Dimensionen der Stadt sind die Stücke klein.
Wie der Rettungsring auf dem Ozeanriesen.
Letztlich kann man sich nur daran festhalten.«

1987

1953 geboren in Aachen. Studium an der Staatlichen Kunstakademie Düsseldorf (1973–79), situationsbezogene Skulpturen im Straßenraum von Städten (ab 1980), Gastprofessur an der Akademie der Bildenden Künste, München (1991), Professur an der Universität Gesamthochschule Kassel (seit 1992); lebt in Berlin.

Einzelausstellungen:
Künstlerhaus Bethanien Berlin (1985), Wilhelm-Hack-Museum, Ludwigshafen (1988), Wilhelm Lehmbruck Museum Duisburg (1989), Galerie Wittenbrink, München (1991/95), Staatsgalerie moderner Kunst, im Haus der Kunst, München (1991), Museum Wiesbaden (1993), Kasseler Kunstverein (1994), Sprengel Museum, Hannover (1995), Neues Museum Weserburg, Bremen (1996)

Gruppenausstellungen:
documenta 8, Kassel (1987), Haupt- und Nebenwege, Künstlerwerkstatt Lothringer Straße, München (1994), Translokation. Der verrückte Ort. Kunst zwischen Architektur, Graz (1994)

Inga Ragnarsdóttir

o.T.
1989, Brunnen, dreiteilig, Edelstahl geschweißt, 210 x 100 x 117 cm, 120 x 95 x 100 cm, 25 x 50 x 60 cm

51
Herzogstraße/Fallmerayerstraße, U2 Hohenzollernplatz
M

»Meine Arbeiten sind im Sinne des Begriffs ›Bildhauerei‹ traditionell.
Immer sind sie raumbezogen. Sowohl inhaltlich als auch in der Wahl des Materials und der Farbe nehmen sie Bezug auf die Funktion des jeweiligen Gebäudes oder Platzes. Interagierend nehmen sie Raum in Anspruch und schaffen eine Verbindung zwischen Mensch und Architektur. Ihre inhaltliche Bedeutung ist meist offen und läßt dem Betrachter verschiedene Möglichkeiten einfacher Assoziationsbildungen.« 1996

1955 geboren in Reykjavik/Island. Fachhochschule für Kunst und Kunsthandwerk in Reykjavik (1973–1977), Akademie der Bildenden Künste, München (1979–81), Gastdozentin an der Fachhochschule für Kunst und Kunsthandwerk in Reykjavik (1990); lebt in Kempten/Allgäu, München und Reykjavik.

Ausstellungen:
The British Council, München (1984), Künstlerwerkstatt Lothringer Straße, München (1990), The Living Art Museum, Reykijavik, Galerie der Künstler, München (1991), Nationalmuseum Breslau/Polen (1992), Botanischer Garten, München (1995)

Vierzig Dreiecke in drei Sätzen
1981/82, geschliffener rostfreier Stahl, 12 x 4 m

74

Hypo-Bank, Verwaltungszentrum, Foyer, Arabellastraße 12 (Führung für Gruppen ab 10 Personen, Anmeldung im Vorstandssekretariat, Tel. 92440; für einzelne Besucher von der Sicherheitsschranke teilweise sichtbar), U4, Bus 44, 87, 88, 89, 188 Richard-Strauss-Straße

»Ich habe seit über zwanzig Jahren die gleiche Absicht verfolgt: Bewegung so ausdrucksvoll zu machen, wie Farbe oder Formen (oder Inhalt) es für andere waren. Mein Initialimpuls hängt von der Bewegung der Luft ab drinnen oder draußen, niemals durch Motoren und nur in vier oder fünf Fällen durch die Hand des Betrachters erzeugt. Ich wünsche mir die Bewegung langsam, so daß man auf ihre Entstehung warten und über deren Langsamkeit staunen muß. Ich habe mir zwei oder mehr getrennte Bewegungen gewünscht, um nicht nur einen Kontrapunkt, sondern einen zusätzlichen Teil des Unvorhersehbaren, des Zufalls zu schaffen, innerhalb der Grenzen von Weg und Vorbild. Natur setzt Regeln der Schwerkraft, der Größe, der Reibung, der Trägheitsmomente, des Gleichgewichts, gestauter Energie, der Pendelbewegung – aber es gibt dennoch, so scheint es, die Möglichkeit ungezählter verschiedener Abwandlungen innerhalb der Gesetze.«
1973

1907 geboren in South Bend, Indiana/USA. Übersiedlung nach Schottland (1913), Studium der Neueren Geschichte am Baillol College, Oxford, Studienjahre an der Ruskin School of Drawing, Oxford (1926–29), Studium an der Akademie Lhote, Paris (1929–30), Atelier in New York (1934–42); Institute of Design (Neues Bauhaus), Chicago (1948–49), lehrt an verschiedenen Colleges und Universitäten, Atelier in Berlin (seit 1968); lebt in Santa Barbara, Kalifornien (seit 1985).

Einzelausstellungen:
Mobile Skulpturen, Kunstverein München (1969), Kestner-Gesellschaft, Hannover (1973), Neue Nationalgalerie, West-Berlin (1973/74), Galerie Buchholz, München (1974/77), Retrospektive, Guggenheim Museum, New York (1979), R.R. in Berlin, Berlinische Galerie (1992), Galerie Thomas, München (1996)

Gruppenausstellungen:
documenta 3, Kassel (1964), documenta 4, Kassel (1968), Skulpturenboulevard – Kurfürstendamm, Kunst im öffentlichen Raum, Neuer Berliner Kunstverein (1987)

Finnischer Granit, gespalten
1992/93, gespalten, zweiteilig, 550 x 120 x 110 cm und 550 x 140 x 140 cm

35

Zentralverwaltung Goethe-Institut, Helene-Weber-Allee 1, U1,2,3,6 Sendlinger Tor, Tram 20, 21 Heideckstraße

»Es ist eine Art Sprache in Stein, die ich entwickelt habe. (...)

Was ich mache, ist das Minimalste, das Einfachste, und ich glaube, daß das wichtig ist, daß es die Menschen dazu bringt, genauer hinzugucken, wenn es wenig zu sehen gibt.« 1977

1938 geboren in Düsseldorf.
Steinmetzlehre in Düren (1957–59), Geselle an der Dombauhütte in Köln, gleichzeitig Studium an den Kölner Werkschulen bei Ludwig Gies (1959–61), Professur für Bildhauerei an der Staatlichen Kunstakademie Düsseldorf (1984), Professur an der Staatlichen Hochschule für Bildende Künste in Frankfurt, Städelschule (1988); lebt in Clonegal/Irland und Agon/Normandie.

Einzelausstellungen:
Domgalerie, Köln (1964), Kunsthalle Tübingen (1973), Kunstraum München (1974), Museum of Modern Art, Oxford (1976), Museum Folkwang, Essen (1978), Städtisches Kunstmuseum, Bonn (1978), Kunstraum München (1980), Centre Georges Pompidou, Paris (1983), Städtische Galerie im Städel, Frankfurt am Main (1984), Kunstsammlung Nordrhein-Westfalen, Düsseldorf (1987), Galerie Wittenbrink, München (1994), Städtische Galerie im Lenbachhaus, München (1994)

Gruppenausstellungen:
documenta 5, Kassel (1972), XXXVIII. Biennale Venedig (1978), Westkunst, Messehallen, Köln (1981), von hier aus, Messehalle, Düsseldorf (1984), documenta 8, Kassel (1987), documenta 9, Kassel (1992), Sammlung Goetz, Eröffnungsausstellung, München (1993)

o.T.
1983/84, Brunnen- und Platzgestaltung, Backsteinskulpturen, teilweise glasiert, 500 x 280 x 300 cm, neun Bänke 300 x 150 x 110 cm

42

Rotkreuzplatz, U1, Bus N68, 12, 33 Rotkreuzplatz
M

»(...) Siena. Dort, angesichts einer intakten Backsteinstadt, eines märchenhaften Platzes, erfuhr ich einen der tiefsten Eindrücke meines Lebens. Ich wußte nun, daß ab sofort nur noch dieses Material in Frage kam. Konnte es doch im Großen wie im Kleinen als hochgebranntes Element verwendet werden, konnte man es doch niedriger mit farbigen Glasuren brennen, konnte man es doch schneiden, schleifen, zermahlen, bohren, vermauern, konnte man es mit dem verbindenden Zement zu ganz eigener Verwandlung führen.« 1980

1927 geboren in Frankfurt am Main.
Töpferlehre in Konstanz (1948–1951), Dreher in verschiedenen Keramikwerkstätten in Paris (1952–55), Atelier in Paris (1956–79), erste Skulpturen und Zusammenarbeit mit Architekten (1962), Professor für Keramik an der Akademie der Bildenden Künste, München (1979); lebt in Überlingen-Goldbach.

Einzelausstellungen:
Folkwangmuseum, Essen (1960), Stadtmuseum, München (1964), Museum Karl Osthaus, Hagen (1969), Museum Bellerive, Zürich (1975)

Gruppenausstellungen:
Kunstgewerbemuseum, Zürich (1958), Weltausstellung Brüssel, Deutscher Pavillon (1960), Triennale, Mailand, Deutscher Pavillon (1960), Aspects de la sculpture contemporaine, Vitry-sur-Seine (1970), Sculptures en architecture, Paris Sculpt, Paris (1973), Musée d'Art Décoratif, Paris (1980), Kunstgewerbemuseum, Köln (1980), Skulpturenstraße, Asamhof, München (1984)

Lichtweg
1992, Lichtinstallation, Wechsel von fünf roten und vier blauen Farbzonen aus Neon und Leuchtstoffröhren auf einer Länge von 1000 m, Gehäuse aus Aluminium, Spiegel und Glas entlang der oberen Wandflächen und in der Deckenkonstruktion

69

Flughafen München, Terminal, Verbindungsebene 03 (Fußgängerweg/Personenbeförderungsband), S8 Flughafen

»Ich habe immer mit allen möglichen billigen Materialien gearbeitet, die nicht als künstlerische Materialien gelten. Ich habe Werke geschaffen, die damit zu tun haben, wie etwas aussieht, wie sich etwas anfühlt oder wie etwas riecht. Die fünf Sinne haben mich von Anfang an interessiert. Licht ist ein extrem wirksames Medium, nicht nur im physikalischen Sinne, daß es Dunkelheit in Licht verwandelt, sondern daß es die Dunkelheit durchdringt. Überall finden wir einen unglaublichen Drang zum Licht. Wir werden angezogen vom Licht. Darüberhinaus macht die Elektrizität das Licht sehr reizvoll. Die Tatsache, daß es elektrisch geladen ist, ist ein wichtiges Element in meinem Werk. Als ich 1968 begann, Licht zu benutzen, wollte ich mein Werk mit Energie aufladen. Ich wollte es beleben.« 1993

1941 geboren in Mamou, Louisiana/USA.
Studium an der University of Southwestern Louisiana, Lafayette (1959–63), Studium am Douglas College, Rutgers University, New Brunswick/New Jersey (1965/66); lebt in New York.

Einzelausstellungen:
Galerie Rolf Ricke, Köln (1968), Museum Haus Lange, Krefeld (1979), Städtisches Museum Abteiberg, Mönchengladbach (1990), Sprengel Museum Hannover (1993), Kunsthalle Nürnberg (1994)

Gruppenausstellungen:
When Attitudes Become Form, Kunsthalle Bern (1969), XXXVI. Biennale Venedig (1972), documenta 5, Kassel (1972), Amerikanische Zeichnungen der siebziger Jahre, Städtische Galerie im Lenbachhaus, München (1981), XL. Biennale Venedig (1982), Gestaltete Räume in München, 1984–1992, Büro Orange Siemens, München (1992), Mode und Kunst 1960–1990, Palais des Beaux Arts, Büssel (1995)

Toni Stadler

Große Liegende »Ägäis«
1964, Bronze, 92 x 195 x 108 cm

58

Bayerische Vereinsbank, Park, Seerosenteich, Am Tucherpark 1, Bus 54 Tucherpark

»Ich bin nicht monumental. Meine Figuren sind inspiriert von einer erotischen Note, die mir eigentlich in allen künstlerischen Dingen enorm wichtig erscheint. Damit ist, glaube ich, der grundsätzliche Begriff des Monumentalen schwer zu verbinden.« 1967

1888 geboren in München, 1982 gestorben in München.
Studien an der Kunstgewerbeschule München (1906–1907), Studium an der Akademie der Bildenden Künste, München (1919–25), Professur an der Städelschule, Frankfurt am Main (1942–45), Professur an der Akademie der Bildenden Künste, München (1946–58).

Einzelausstellungen:
Galerie Günther Franke, München (1940), Kunstverein Hannover (1965), Städtische Galerie im Lenbachhaus, München (1978/79), Galerie Biedermann, München (1978/85)

Gruppenausstellungen:
Münchner Kunstausstellung im Glaspalast, Abteilung Münchner Secession (1921–31), Kunstschaffen in Deutschland, Central Art Collecting Point, München (1949), documenta 1, Kassel (1955), XXVIII. Biennale Venedig (1956), documenta 2, Kassel (1959), documenta 3, Kassel (1964)

Rolf Szymanski

Die öffentliche Rose
1969/71, Eisen, Höhe 325 cm, ∅ 250 cm

19

Zwingerstraße/ Westenriederstraße (gestiftet von Theo Wormland), S1–8, 27, Bus N20, 17, 18 Isartor

»Es ist erstaunlich, wie der Zweifel sich aufführt. Der Osten öffnet sich, Europa. Neue Impulse kommen von verschiedenen Mentalitäten, Gefühlen, ethnischen Zügen, Gedanken, Geschichten und Traditionen. Auch hier wird nichts bleiben, wie es war. Da haben auch bei uns viele Angst. Es war so schön eingerichtet, es gab die Documenta, den Kunstmarkt Köln und Basel, das war alles. (...) Ich habe in meinem Kopf einen sehr schönen Satz gefunden, der heißt: ›Kunst ist für mich das wichtigste, die einzige Konstante, weil die Kunst das ist, was zwar wenig bewirkt, aber das ist, was überhaupt etwas bewirkt.‹ (...) Freiheit ist natürlich etwas Teuflisches: Es ist die Möglichkeit, die Freiheit zu benutzen. Deshalb ist es das erste, wo sie [die Diktatoren] zuschlagen. Da lauert Gefahr. Ich mag es nicht, wenn es heißt, eine Kinderkrippe oder ein Krankenhaus, das ist erst mal wichtig. Alles ist wichtig. Wenn ich Kunst erst mal verschiebe, ist das eine ähnliche Mentalität wie damals im Kriege: erst siegen, dann reisen. Ich weiß, das ist ein böser Vergleich. Dennoch.« 1992

1928 geboren in Leipzig. Kunstgewerbeschule, Leipzig (1945–50), Studium an der Hochschule für Bildende Künste, Berlin/West (1950–55), Stellvertretender Direktor bzw. Direktor der Abteilung Bildende Kunst der Akademie der Künste, Berlin/West (1971–83), Vizepräsident der Akademie der Künste, Berlin/West (1983–86), Professur an der Hochschule der Künste Berlin/West (1986); lebt in Berlin.

Einzelausstellungen:
Kunstverein Heilbronn (mit HAP Grieshaber) (1961), Kunstverein für die Rheinlande und Westfalen, Düsseldorf (1975), Galerie Hermeyer, München (1986), Berlinische Galerie im Martin-Gropius-Bau (mit Walter Stöhrer) (1989), Museum der bildenden Künste, Leipzig (1992/93)

Gruppenausstellungen:
documenta 3, Kassel (1964), Skulpturenboulevard, Kurfürstendamm, Tauentzien, Berlin (1987)

Signaux lumineux »vis d'Archimède«
1985, Eisen, Höhe 3,50 m, ∅ 40 cm (am Boden) und Höhe 3 m, ∅ 35 cm (am Boden)

86

Europäisches Patentamt, Haupteingang, Bayerstraße 34, S1–8, U1,2,4,5 Hauptbahnhof, Tram 18, 19 Hermann-Lingg-Straße

»Seit langem hatten sich meine Signale aus Eisenbahnsignalen in Raketen, Antennen und Radioempfänger verwandelt. Auf zahlreichen Flugreisen begeisterte ich mich an den Flughäfen und ihren großen Radarschirmen, die sich langsam drehten und die metallischen Körper im Luftraum suchten. Sie waren wie monströse Instrumente zum Einfangen kosmischer Geschehen. (...) Aber all das ging nur die Wissenschaft an. Könnte ich doch mit einem Instrument wie dem Radar die Musik des Jenseits auffangen! Dieser Gedanke ließ mich alle Gesetze der Kunst und der wissenschaftlichen Kenntnis vergessen. Wenn dieses Objekt im Drehen Töne auffangen und weitergeben könnte, das hätte meine Vorstellungskraft zufriedengestellt.« 1956

1925 geboren in Athen/Griechenland, Übersiedlung nach Paris (1954).
Erste »Télémagnétiques« (1958), erste »Sculptures musicales« (1965), »Lichtsignale« in unlimitierter Edition (1966), Fellow am Center for Advanced Visual Studies, Massachusetts Institute of Technology, Cambridge/Mass. (1968/69); lebt in New York.

Einzelausstellungen:
Städtisches Museum, Leverkusen (1970), Kunstverein Hannover (1974), Kölnischer Kunstverein (1979), Centre Pompidou, Musée National d'Art Moderne, Galeries Contemporaines, Paris (1985), Galerie Nationale du Jeu de Paume, Paris (1993)

Gruppenausstellungen:
documenta 2, Kassel (1964), documenta 6, Kassel (1977), Für Augen und Ohren: Objekte, Installationen, Performances, Akademie der Künste, Berlin (1980), Hommage à Marcel Duchamp, Museum Ludwig, Köln (1988), XLVI. Biennale Venedig (1995)

Vgl. die gleichnamige Arbeit für das Bassin de La Défense, Paris (1984–87) und für die Grande Arche de La Défense, Paris (1984–90)

Dietmar Tanterl

Feuerwache 8
1995, Neon,
Länge 30 m

71

Feuerwache 8, Fassade, Apianstraße 1 (schaltet sich selbst ein bei Einbruch der Dunkelheit), S8 Unterföhring
M

»Das Interesse an strukturellen Zusammenhängen, erreicht durch minimalistische Eingriffe in grenzwertiger Erscheinungsform, ist das Grundkonzept meiner Arbeit.« 1996

1956 geboren in Dietzen/Österreich.
Studium an der Akademie der Bildenden Künste, München (1976–81), Diplom für Bildhauerei (1981), fotografische Projekte in Zusammenarbeit mit Angelika Bader (1981–93); lebt in München.

Einzelausstellungen:
Der Kuß, Kunstforum, Städtische Galerie im Lenbachhaus, München (1984), Das Gesetz der guten Gestalt, Neue Galerie im Landesmuseum Joanneum, Graz (1988), Die hohe Schule des Vergessens, Museum Moderner Kunst Palais Liechtenstein, Wien (1991), Light + Reading, New York (mit Peter Zinganel) (1995)

Gruppenausstellungen:
Kriegskunst, Künstlerwerkstatt Lothringerstraße, München (1982), Wirklichkeit im Bild aufheben, steirischer herbst '89 (1989), Deutschland einig Vaterland, Naakte Schoonheid, MUHKA, Museum moderner Kunst, Antwerpen (1991), Magia naturalis, Städtische Galerie, Prag (1992), Das letzte Haus, steirischer herbst '95 (1995)

Nachthimmel
1988/91, Mischtechnik auf Leinwand, ca. 1800 x 1100 cm (Ausführung der Arbeit unter Mitwirkung von Matthias Hollefreund in den Pankehallen im Berliner Wedding)

17
Residenztheater, Decke des Theaterraums, Max-Joseph-Platz 1 (zugänglich nur bei Theatervorstellungen), S1–8, U3,6, Bus 52 Marienplatz, Tram 19 Nationaltheater

»Ist der Aufruf zum korrespondierenden Erleben nicht Sinn in sich genug? Wenn sich nicht die maltechnischen Vorgänge, nicht die vorgefaßten Kompositionen, nicht die ästhetischen Abläufe vordergründig in unseren Bildern mitteilen sollen, – sind da nicht gerade die suchenden, bejahenden, zweifelnden, zögernden und vorwärtsdrängenden Dokumentationen unserer Existenz Sinn in sich genug? Ist in einer solchen Situation das Bewußtsein des Wertwechsels nicht notwendig?
Wie können da unsere Bilder mehr sein als Positionszeichen, nahe und ferne, unbekannte, offene und verschlüsselte, Spuren auf den vielen menschlichen Wegen, Positionszeichen auf einem Gebiet, in dessen Kräfte- und Spannungsfeldern der Mensch sich zu deuten sucht. So gesehen genügt der Aufruf zu korrespondierender Teilnahme.« 1962

1916 geboren in Königsberg.
Medizinstudium und Militärdienst (1936–41), Studium der Malerei an der Akademie der Bildenden Künste, München (1946–50), Professur an der Hochschule für Bildende Künste, Berlin (1959–1981); lebt in Berlin.

Einzelausstellungen:
Moderne Galerie Otto Stangl, München (1958), Galerie Van de Loo, München (1961), Haus am Waldsee, Berlin (1962/63), Städtisches Kunstmuseum, Bonn (1968), Galerie von Braunbehrens, München (1981/84/89), Akademie der Künste, Berlin (1986), Saarland-Museum, Saarbrücken (1986), Galerie Gunzenhauser, München (1987), Galerie Heseler, München (1988/91/96), Kunsthalle in Emden (1991/92), Berlinische Galerie im Martin-Gropius-Bau (1995)

Gruppenausstellungen:
Zen 49, Central Collecting Point, München (1950), IXXX. Biennale Venedig (1958), documenta 2, Kassel (1959), documenta 3, Kassel (1964), BerlinArt 1961–1987, Museum of Modern Art, New York (1987), Sammlung Etta und Otto Stangl: Von Klee bis Poliakoff, Staatsgalerie moderner Kunst, München (1993/94)

Floating Form / Inclination
1992, Stahl, Granit, Eisen, 530 x 260 x 100 cm

69

Flughafen München, Eingang zum Polizeigebäude, Nordallee 6, S8 Besucherpark

»Nahezu zwanzig Jahre sind vergangen, seit ich das erste Mal den Wunsch verspürte, etwas an einem bestimmten Ort und in einem bestimmten Raum zu schaffen, eine Art magnetisches Feld zu erzeugen. Tief im Inneren haben wir ein unbewußtes Gefühl für Schwerkraft. Mein Interesse an dem, was schwebt, fliegt und sich gegen die Schwerkraft richtet, läßt mich schon seit langem Dinge hochhalten und sie mit einer Hebewinde aufheben, eine Art Holzgestell konstruieren, das den gegebenen Raum stützt. Mein Wunsch ist es, ein Werk zu kreieren, in dem das Fehlen eines einzigen Elements die gesamte Struktur, die ungewissen Existenzen und Beziehungen wie einen Kosmos zusammenbrechen läßt.« 1990

1947 geboren in Kobe/Japan.
Studium an der Universität von Kobe (1965–69), Dozent an der Hyogo Prefectual Highschool of Industrial Art, Design Course (1971–74); lebt in Düsseldorf (seit 1975) und Nishinomiya/Japan.

Einzelausstellungen:
Ausschnitte 1, Kunsthalle Düsseldorf (1977), Kunstforum, Städtische Galerie im Lenbachhaus (1980), Waßermann Galerie, München (1990/93), It's possible, Skulpturen und Zeichnungen, Stadtmuseum Siegburg (1994)

Gruppenausstellungen:
Art Now '70–80, Museum of Modern Art, Hyogo, Kobe (1981), XLIII. Biennale Venedig (1988), Akademie der Schönen Künste, München (1989), Kunstsammlung Nordrhein-Westfalen, Düsseldorf (1990)

Hannsjörg Voth

Lebensbogen
1988/89, Metallscheibe in vier rechteckigen, durch fließendes Wasser miteinander verbundenen Becken, aufgeschnitten in zehn Teilstrecken

67

Klärwerk München II, Gut Marienhof, Hauptverwaltung, Dietersheim, U6 Garching-Hochbrück, Bus 691 Marienhof
M

»Die Ideen entstehen als Ausdruck meiner Sehnsüchte im Kopf.«

»Im Eingangsbereich (...) liegen vier schmale, rechteckige Becken, die durch fließendes Wasser miteinander verbunden sind. Im Mittelpunkt steht eine Metallscheibe im Wasser, die einen Lebensbogen symbolisiert. Sie ist in zehn Teilstrecken aufgeschnitten, fünf Jahre, zehn Jahre, zwanzig usw. Der Nullpunkt liegt unter Wasser. Bei 90 fällt der Bogen steil ab und endet am Todespunkt in der Erde.
Von einer Plattform am Ende des ersten Wasserbeckens führen Treppen in einen 1,50 Meter tiefen Gang. Er wird mit Blickkontakt auf die links und rechts liegenden Wasserbecken durchschritten und leitet über eine Treppe zum Endpunkt des Lebensbogens. Auf einem parallel zum Wasser laufenden Weg geht man den Lebensbogen entlang und erreicht den Nullpunkt des Bogens. Der Weg endet über eine breite, abwärtsführende Treppe vor dem Verwaltungsgebäude.« 1994

1940 geboren in Bad Harzburg. Zimmermannslehre in Bremervörde, Studium an der Staatlichen Kunstschule, Bremen (1961–1965); lebt in München.

Einzelausstellungen:
Feldzeichen, Städtische Galerie im Lenbachhaus, München (1976), Reise ins Meer, Galerie Thomas (1977), Rheinisches Landesmuseum Bonn (1978), Wilhelm Lehmbruck Museum Duisburg (1979), Kunstverein München (1979), Boot aus Stein, Galerie Thomas, München (1980), Kasseler Kunstverein (1983), Himmelstreppe, Galerie Thomas, München (1985), Zeichen der Erinnerung, Deutsches Architektur-Museum, Frankfurt am Main (1987), Hassi Romi, Museum am Ostwall, Dortmund (1990), A 11 Art Forum, München (1990), Goldene Spirale, Galerie Thomas, München (1994), Zeitzeichen, Lebensreisen, Überseemuseum Bremen (1995)

Gruppenausstellungen:
documenta 6, Kassel (1977)

Realisierte Projekte:
Feldzeichen, Ingelsberg bei München (1973–75), Reise ins Meer, auf dem Rhein von Speyer bis in die Nordsee (1976–78), Boot aus Stein, Ijsselmeer/Niederlande (1978–81), Himmelstreppe, Marokko (1985–88)

Zwischen Sonnentor und Mondplatz
1991–93, Rauminstallation 100 x 4 m

86
Europäisches Patentamt München, Bayerstraße 34/Kurt-Haertel-Passage, S1–8, U1,2,4,5 Hauptbahnhof, Tram 18, 19 Hermann-Lingg-Straße

»Ich bin von heute, aber ich bin auch 50 000 Jahre alt, ich bin von ganz, ganz früher.«

»Betritt man die Hackergasse von der Bayerstraße, steht 17 Meter hinter dem Brückenaustritt ein Sonnentor aus hellem Granit, das 4,60 x 4,00 x 0,40 Meter mißt. Dieses Tor ist nicht zu durchschreiten. Es dient allein der Sonne. Die wirft zur ›wahren Mittagszeit‹ ihr Licht durch den im Winkel von 70° ausgerichteten Torschlitz auf die durch den Schlitz führende Meridianlinie, eine 40 Meter lange und 15 Zentimeter breite Linie aus schwarzem Granit. Sie reicht von beiden Seiten des Tores bis zu den Fassadenstützen, ist bündig mit dem Straßenpflaster und verdeutlicht auch ohne Sonnenschein die ›wahre Mittagszeit‹. Fünf Meter nach dem Sonnentor beginnt, in einer Höhe von 55 Zentimetern, ein heller Granitgrat, dessen Querschnitt die Form eines Dreiecks hat. Er steigt gegen das Straßengefälle an und erreicht nach 76 Metern eine Höhe von 2,40 Metern. Wenn er nach 60 Metern Augenhöhe erreicht hat, ragt er in ein flaches Wasserbecken aus schwarzem Granit mit einer maximalen Tiefe von 15 Zentimetern. In der Mitte ist der Grat auf seiner gesamten Länge, bis zur Sohle, so geschlitzt, daß ein Zwischenraum von 5 Zentimetern entsteht, der einen Wasserlauf aufnimmt und das 34 Meter lange und 4 Meter breite Becken speist. Im letzten Teil des Beckens befindet sich der Mondplatz: 28 kreisförmige weiße/schwarze Granitsteine mit einem Durchmesser von 80 Zentimetern, angeordnet in vier Reihen zu je sieben Steinen, auf denen die Mondphasen dargestellt sind.« 1994

Rudolf Wachter

Torre Pendente
1987, Mahagonistamm, Höhe 650 cm, ∅ 210

101

Edelweißstraße/Tegernseer Landstraße, U1,2 Silberhornstraße, Bus 51 Ostfriedhof
M

»Ein Tropenbaum beeindruckt durch seine Größe. Er verliert nie den Bezug zum Menschen. Der Gigantismus der Technik ist ihm fremd. Seine Grenzen sind von natürlichem Wachstum bestimmt.« 1992

»Der gefällige Stamm wird befreit von seiner ihm unweigerlich aufgezwungenen Verwertung, die einer Entwertung gleichkommt, und wird zu einer Bewertung geführt, die ohne Utilitarismus existiert. Existenzwechsel durch Eindringen des Negativraumes.« 1977

1923 geboren in Bernried/Bodensee.
Lehre in der elterlichen Schreinerei, Meisterprüfung, Akademie der Bildenden Künste, München (1949–55); lebt in München.

Einzelausstellungen:
Goethe-Institut, Athen (1967), Galerie Günther Franke, München (1969), Kunstverein Kassel (1971), Citycorps Saint Peter, New York (1987/88), Galerie Karin Sachs, München (1989/91), Künstlerwerkstatt Lothringer Straße, München (1992), Skulpturenmuseum Glaskasten, Marl (1992), Kunstverein Heidelberg (1992), Forum Kunst, Rottweil (1992), Marquardt Ausstellungen, München (1994), Galerie an der Finkenstraße, München (1995)

Gruppenausstellungen:
Deutsche Bildhauer der Gegenwart, Kunstverein Augsburg (1974), Natur/Skulptur, Württembergischer Kunstverein, Stuttgart (1981), Dreidimensional, aktuelle Kunst aus der BRD, Institut für Auslandsbeziehungen, Stuttgart (1984)

FELS-HÖCKER
ROCHES MOUTONNÉES
EINE AUSREICHEND GROSSE
MASSE BEWEGT ÜBER EINE
AUSREICHEND LANGE STRECKE
UM IM GEFOLGE DES
FORTSCHRITTS HÖCKER UND
BUCKEL ZU HINTERLASSEN
(FELS-HÖCKER)
A MASS OF SUFFICIENT
QUANTITY MOVED A
SUFFICIENT DISTANCE TO
LEAVE HUMPS AND FOSSES
IN THE WAKE OF PROGRESS
(ROCHES-MOUTONNÉES)

Lawrence Weiner

Riten des Übergangs
1993/94, Kupferplatte natur, unbehandelt, 150 x 220,5 x 0,5 cm, ∅ 148,5 cm

1

Lenbachhaus, Fassade, Luisenstraße 33, U2 Königsplatz

»1. THE ARTIST MAY CONSTRUCT THE WORK
2. THE WORK MAY BE FABRICATED
3. THE WORK NEED NOT TO BE BUILT
EACH BEING EQUAL AND CONSISTENT
WITH THE INTENT OF THE ARTIST
THE DECISION AS TO CONDITION RESTS WITH
THE RECEIVER UPON THE OCCASION OF
RECEIVERSHIP

1. DER KÜNSTLER KANN DAS WERK BAUEN
2. DAS WERK KANN ANGEFERTIGT WERDEN
3. DAS WERK MUSS NICHT GEBAUT WERDEN
JEDE MÖGLICHKEIT IST GLEICHWERTIG
UND JEDE ENTSPRICHT DER ABSICHT DES
KÜNSTLERS
DIE ENTSCHEIDUNG ÜBER DEN ZUSTAND LIEGT
BEI DEM EMPFÄNGER IM MOMENT DER
ÜBERNAHME« 1994

1942 geboren in New York; lebt in New York und Amsterdam.

Einzelausstellungen:
Westfälischer Kunstverein, Münster (1972), Galerie Rüdiger Schöttle, München (1976/78/79/80), Museum Haus Esters, Krefeld (1988), Stedelijk Museum, Amsterdam (1988), From point to point, Kunstverein St. Gallen (1995)

Gruppenausstellungen:
documenta 5, Kassel (1972), XXXVI. Biennale Venedig (1972), Bilder – Objekte – Filme – Konzepte, Städtische Galerie im Lenbachhaus, München (1973), documenta 6, Kassel (1977), Westkunst, Rheinhallen, Köln (1981), Rosebud, Jenny Holzer, Matt Mullican, Lawrence Weiner, Kunstbau Lenbachhaus, München (1994)

Trojanisches Pferd
1976/81, Bronze, 450 x 130 x 220 cm (mit Sockel)

63

Skulpturenpark Alte Pinakothek, Barerstraße, U2 Königsplatz, Tram 27 Pinakothek

M

»Die bildhauerische Komposition muß sich zum ›Ornament‹ entwickeln. Das Wort Ornament gebrauche ich hier in einem nicht allgemein üblichen Sinn: dem Ornament nähert sich jede Darstellung, die Gültigkeit hat. In der Mathematik bezeichnet man es mit Formel. Vor allem meine ich damit keinen Gegensatz zum Figürlichen, sondern im Gegenteil die höchste Steigerung des Figürlichen. Ornament bedeutet in der Bildhauerei das Herausschälen des Gesetzes der Figur und das Herausstellen der in der Natur enthaltenen architektonischen Elemente.« 1960

1907 geboren in Pfarrkirchen/Niederbayern, 1992 gestorben in München. Studium des Zeichenlehrfaches an der Technischen Hochschule München (1927), Studium der Bildhauerei an der Akademie der Bildenden Künste, München, bei Bernhard Bleeker (1929–36), selbständiger Bildhauer (seit 1936), Ruf an die Staatliche Hochschule für Bildende Künste, Hamburg (Nachfolge Marcks; 1948), Professur an der Akademie der Bildenden Künste, Nürnberg (1949), Ruf an die Staatliche Kunstakademie Düsseldorf (Nachfolge Mataré; 1955)

Einzelausstellungen:
Fränkische Galerie, Nürnberg (1942), Kunsthalle Mannheim (1954), Hamburger Kunsthalle (1955), Galerie Günther Franke, München (1959), Kunsthalle Bremen (1977), Staatsgalerie moderner Kunst im Haus der Kunst, München (1977)

Gruppenausstellungen:
XXII. Biennale Venedig (1940), XXXI. Biennale Venedig (1958)

Mahnmal der KZ-Opfer, Paulskirche, Frankfurt (1963/1964), Reiterstandbild Kaiser Ludwigs des Bayern im Alten Hof, München, Porträts zeitgenössischer Persönlichkeiten wie Hans Knappertsbusch, Hans Carossa, Martin Heidegger

Jerry Zeniuk

o.T.
1996, Öl auf Leinwand, zwei Gemälde einander gegenüber, senkrecht 11,85 x 2,45 m, waagrecht 2,45 x 11,45 m

37

Amtsgericht München, Foyer, Infanteriestraße 5 (Mo–Do 8–16 Uhr, Fr 8–13 Uhr), U3,6 Münchener Freiheit, Bus 33 Infanteriestraße

»Meine Art zu arbeiten heißt Farben zu schaffen, die kontrastierende Elemente in sich haben. (...) Denn ein Bild, egal, ob es nun ein Aquarell oder ein Ölbild ist, muß die Dialektik umfassen, Raum zu zeigen, also drei Dimensionen, obwohl es nur zweidimensional ist. Das ist der Kontrast, der Widerspruch, der das Malen zu einem wirklich besonderen Medium macht. Wir betrachten etwas und wissen, es ist flach. Und trotzdem sehen wir die Tiefe. Ich finde, daß dies dem Leben entspricht. Denn auch das Bewußtsein zu leben in der Kenntnis des Todes ist ein Widerspruch, eine Spannung, die die treibende Kraft ist für uns, verstehen zu lernen, warum wir existieren. Wir realisieren unser Sein, weil wir um das Ende wissen, und fragen uns: Warum? Auf diese Frage hat natürlich niemand eine endgültige Antwort. Wenn wir religiös sind, dann glauben wir an das, was damit verbunden ist. Und in der Kunst ... Da bildet dieser Kontrast den Kernpunkt für die Malerei. Sie ist der Stoff, um Tiefe zu vermitteln. Und das ist die Grundlage, die Begründung aller Gemälde. Ein Widerspruch, wie der zwischen Leben und Tod.« 1994

1945 geboren in Bardowick bei Lüneburg. Loveland, Colorado/USA (seit 1950), Master of Arts, University of Boulder, Colorado (1969), New York (seit 1969), Aufenthalt in Hamburg (1973–74) und Berlin (1977–78), Professur an der Akademie der Bildenden Künste, München (seit 1992); lebt in New York und München.

Einzelausstellungen:
Paley & Lowe, New York (1972), Galerie Rupert Walser, München (1982/87/89/91/93/94/96), Kunsthalle Bremen, Kunstmuseum Winterthur, Neue Galerie Kassel, Daad-Galerie, Berlin (1990), Städtische Galerie Villa Zanders, Bergisch Gladbach (1994), Kunsthalle Karlsruhe (1996)

Gruppenausstellungen:
Prospect 73, Städtische Kunsthalle Düsseldorf (1973), documenta 6, Kassel (1977), Einleuchten, Deichtorhallen, Hamburg (1989), James Reineking, Jerry Zeniuk, Künstlerwerkstatt Lothringerstraße 13, München (1992)

FINANZ

Bernd Zimmer

Luft
1995, Acryl auf Leinwand, 418 x 270 cm

7

Dresdner Bank, Promenadeplatz 7 (Mo–Mi 8.15–16 Uhr, Do 8.15–18 Uhr, Fr 8.15–15 Uhr), S1–7 Stachus, Tram 19 Theatinerstraße

»Wenn man ein Bild (von mir) sieht, denkt man an Landschaft. Es ist aber Natur. Das, was hinter dem Bild steht, ist die Natur. Beackert oder unbeackert. Gebirgsstock oder Waldbrand, daneben die Küste, das ist Natur. Wo der Mensch eingreift, entsteht Kultur, aber auch das gehört zur Natur. Und in diesem Ganzen lebe ich als Natur. Und diese Natur arbeitet über Natur. Das ist der dialektische Prozeß, der die Malerei vorantreibt.« 1989

1948 geboren in Planegg bei München, lebt in Polling/Oberbayern.

Einzelausstellungen:
Korrespondenz, Galerie Michael Papst, München (mit Daniel Nagel; 1980), Kunstverein Freiburg (1981), Galerie Hermeyer, München (1982/85/86), Kunstverein Braunschweig (1986), Ulmer Museum (1987), Spiegel der Diana, Kunstforum, Städtische Galerie im Lenbachhaus, München (1989), Von-der-Heydt-Museum, Wuppertal (1990), Heidelberger Kunstverein (1990), Mathildenhöhe, Darmstadt (1990), Galerie Pfefferle, München (1990/92), Kunsthalle in Emden, Stiftung Henri Nannen (1993)

Gruppenausstellungen:
Heftige Malerei, Haus am Waldsee, Berlin (1980), Neue Tendenzen der Zeichnung – dimension '81, Kunstverein München (1981), Gefühl und Härte, Kunstverein München (1982), An International Survey of Recent Painting and Sculpture, The Museum of Modern Art, New York (1984), Neue Malerei – Berlin, Kestner-Gesellschaft, Hannover (1984), Szenarium, Künstlerwerkstatt Lothringer Straße, München (1987), Berlinart 1961–1987, The Museum of Modern Art, New York (1987)

Verzeichnis der Künstler

□ Abbildung
M Auftraggeber Landeshauptstadt München
❶ Markierung im Stadtplan

Angelika Bader und Dietmar Tanterl
Blend, Sport, 1990, *Blend, Miriam,* 1990, Cibachrome, Eichenrahmen, zwei Arbeiten, je 132 x 146 cm
❹ Oberfinanzdirektion, 3. Stock, Eingang Arcostraße/Barerstraße (Mo–Do 8–16 Uhr, Fr 8–13 Uhr) / S1–7, U4,5 Stachus, Tram 27 Ottostraße

Stefan Balkenhol
o.T., 1996, Reliefs, Pappelholz, 4 cm stark, Höhe 1.OG 200 cm, 2. OG 175 cm, 3. OG 150 cm
(41) Deutsches Herzzentrum München, Bettenhaus, Lichthof, Lazarettstraße / U1 Maillingerstraße □

Thomas Barnstein
Große Stützmauer, 1992, zweiteilig, Betonkern, Klinker vorgemauert und verschieden eingefärbter Beton vorgeschalt, Gesamtlänge ca. 30 m, Höhe ca. 5 m M
(72) Städtische Helen-Keller-Realschule, Fürkhofstraße 30 / Bus 37, 89, 188 Fritz-Meyer-Weg

Rudolf Belling
Blütenmotiv (»Schuttblume«), 1971/72, Bronze, Höhe 645 cm (M + Deutscher Gewerkschaftsbund)
(31) Olympiapark / U3, Bus 36, 41, 43, 81, 136, 184, Olympiazentrum, Tram 27 Gartenstraße □

Max Bill
o.T., 1978–1983, zwei Bildsäulen, farbige Emailleplatten auf Stahlskelett, Höhe 20 m und 16 m
(77) Klinikum München-Großhadern, Marchioninistraße 15 / U6, Bus 34, 68 Klinikum Großhadern □

Max Bill
rhythmus im raum, 1994, Pavillonskulptur, Granit, Höhe ca. 315 cm, Grundfläche 16,65 auf 18,45 m
(86) Europäisches Patentamt, Innenhof, Bayerstraße 34 / S1–8, U1,2,4,5 Hauptbahnhof, Tram 18, 19 Hermann-Lingg-Straße □

Heiner Blum
Werte, 1995, 14 Hinterglasbilder, 285 x 116 bis 124 cm
(18) Schröder Münchmeyer Hengst & Co., Eingangsbereich, Maximilianstraße 14 (tagsüber geöffnet außer So) / S1–8, U4,5 Stachus, Tram 19 Maximilianeum

Jonathan Borofsky
Walking Man, 1995, Stahlkonstruktion mit Kunststoffummantelung, Höhe 17 m
(55) Münchener Rückversicherungs-Gesellschaft, Leopoldstraße 36 / U3,6, Bus 54, 154 Giselastraße □

Bodo Buhl
Orange, 1991, Glas, Stahl, 210 x 47 x 30 cm
❹ Oberfinanzdirektion, 4. Stock, Eingang Arcostraße/Barerstraße (Mo–Do 8–16 Uhr, Fr 8–13 Uhr) / S1–8, U4,5 Stachus, Tram 27 Ottostraße

Ernst Caramelle
o.T., 1996, Wandmalerei, Siebdruck, vier Wandflächen je ca. 250 x 500 cm M
(99) Verwaltungsgebäude, auf vier Etagen, Franziskanerstraße 8 / S 1–7, Bus 51 Rosenheimerplatz, Bus 51

Jean Clareboudt
Terrasse, 1983, acht Findlinge, aufliegende Stahlkonstruktion, ∅ ca. 650 cm
80 Westpark, Nähe Freilichttheater / U6, Bus 33 Westpark

Michael Croissant
Kopf, 1981, Eisen, geschweißt, 120 x 100 cm
M
94 Albert-Einstein-Gymnasium, Eingang Schulhof/Sportanlage, Lautererstraße 2 / U1,2 Silberhornstraße, Tram 25 Tirolerplatz □

Helmut Dirnaichner
Oltremare, 1995, 84teilig, Lapislazuli, Azurit, Zellulose, Länge ca. 800 cm
7 Dresdner Bank, Foyer, 1. Stock, Promenadeplatz 7 (Mo–Mi 8.15–16 Uhr, Do 8.15–18 Uhr, Fr 8.15–15 Uhr) / S1–8, U4,5 Stachus, Tram 19 Theatinerstraße

Helmut Dirnaichner
Malachit, Auripigment, 1995, zweiteilig, Farbmaterie und Zellulose, je 280 x 22 cm
7 Dresdner Bank, Foyer, 1. Stock, Promenadeplatz 7 (Mo–Mi 8.15–16 Uhr, Do 8.15–18 Uhr, Fr 8.15–15 Uhr) / S1–8, U4,5 Stachus, Tram 19 Theatinerstraße
□

Max Ernst
La Tortue (Die Schildkröte), 1967, Bronze, 105 x 80 x 11 cm; *La Grenouille (Der Frosch)*, 1967, Bronze, 125 x 75 x 50 cm, *L'Assistant*, 1967, Bronze, 156 x 223 cm (aufgestellt 1979)
1 Lenbachhaus, Garten, Luisenstraße 33 / U2 Königsplatz □

Rainer Fetting
Drehung, 1986/87, Bronze, 268 x 165 x 70 cm (aufgestellt 1996)
70 Büropark Oktavian, Münchner Straße 14 / Bus 37, 39, 88, 188, St. Emmeram

Alexander Fischer
Christophorus, 1970, Bronze, Höhe 450 cm
49 Scheidplatz / U2,3, Tram 12, Bus 44, 154, 692 Scheidplatz

Lothar Fischer
Großer sitzender weiblicher Torso, 1978, Bronze, 250 x 85 x 120 cm M
8 Verwaltungsgebäude Herzogspitalstraße 24 / S1–8, U4,5 Stachus

Lothar Fischer
Große weibliche Figur, 1984, Eisen, 320 x 80 x 50 cm
M
24 Schulzentrum, vor der Stadtbibliothek, Pfarrer-Grimm-Straße 1 / Bus 74, 75, 76, 177 Pfarrer-Grimm-Straße

Lothar Fischer
Transparente Sitzfigur, 1987, Eisenskulptur 300 x 100 x 110 cm, Geländer 1100 x 90 x 20 cm M
79 Bürgerhaus Laim, Außenbereich der Bibliothek, Fürstenrieder Straße 53/Hogenbergstraße / U4,5 Laimer Platz
□

Lothar Fischer
Große tektonische Stele, 1992, Eisen, Höhe 490 cm
100 Landratsamt, Mariahilfplatz 17 / Tram 27, Bus 52 Mariahilfplatz, Bus 56 Schweigerstraße

Rotraut Fischer
o.T., 1987, Brunnen, sieben Edelstahlröhren (V4A), ∅ 256 mm, Gesamthöhe der Anlage zwischen 25 und 135 cm
M
24 Schulzentrum, Pfarrer-Grimm-Straße 1 (als Brunnen z.Zt. nicht in Betrieb) / S3–6 Pasing, Bus 74, 75, 76, 177 Pfarrer-Grimm-Straße

Rotraut Fischer
o.T., 1992, Raumskulptur, Edelstahl (VA4), Bambusbepflanzung, Wasserlauf
69 Flughafen München, Flugsicherung, Lichthof, Nordallee 34 (Voranmeldung beim Pförtner, Tel. 9780–0, keine Gruppen) / S8 Besucherpark □

Dan Flavin
Untitled, 1994, Lichtinstallation, 7 Säulen, Leuchtstoffröhren, Höhe ca. 247 cm (M, mit Mitteln des Kulturbaufonds)
1 Verbindung Lenbachhaus, Luisenstraße 33/Kunstbau, U-Bahnstation Königsplatz / U2 Königsplatz □

Dan Flavin
Untitled (to Janet Chamberlain), Installation for the Hypo-Bank Munich
74 Hypo-Bank, Verwaltungszentrum, Arabellastraße 12 (Fertigstellung Ende 1997) / U4, Bus 44, 87, 88, 188, 89 Richard-Strauss-Straße

Günther Förg
Villa Wittgenstein, Wien, 1986/87, Farbfotografie, fünf Arbeiten, je 255 x 130 cm
22 Gasteig, 2. Stock, Rosenheimer Straße 5 (Mo–Fr 8–ca. 22 Uhr, Sa/So abhängig von Veranstaltungen) / S1–8, Bus 51 Rosenheimer Platz, Tram 18 Gasteig

Günther Förg
Bronzerelief, 1987, Bronze, vier Arbeiten, drei je 260 x 140 x 10 cm und 260 x 120 x 10 cm
22 Gasteig, 1. Stock, beim Carl-Orff-Saal, Rosenheimer Straße 5 (Mo–Fr 8–ca. 22 Uhr, Sa/So abhängig von Veranstaltungen) / S1–8, Bus 51 Rosenheimer Platz, Tram 18 Gasteig □

Mechtild Frisch
Aus dem Fluß, 1992, sechsteilige Installation, 2,06 x 15,30 x 0,32 m in einem 39 Meter langen Flur, Einzelobjekt Höhe 180 cm, ∅ 30 cm
13 Siemens AG, Hauptverwaltung München, Wittelsbacherplatz 2 (Voranmeldung an der Pforte) / U3,4,5,6, Bus 53 Odeonsplatz (vgl. S. 41)

Günter Fruhtrunk
o.T., 1971, Ummantelung eines U-Bahn Entlüftungsschachtes, Stahl, Gerüst und Lamellen mit Acrylfarbe spritzlackiert, 10,70 x 10,70 x 10 m M
24 Herzog-Wilhelm-Straße/Herzogspitalstraße / S1–8, U4,5 Stachus □

Makoto Fujiwara
o.T., 1983, Brunnen, dreiteilig, Labradorstein
80 Westpark, Nähe Eingang Preßburger Straße / U6, Bus 33 Westpark

Marco Gastini
Im Widerhall des Lichts, 1995, Mischtechnik auf Leinwand mit Eisen und Holz, 620 x 780 x 240 cm
108 Vereinte Versicherungen, Foyer, Fritz-Schäffer-Straße 9 (Mo–Fr 8–16 Uhr, Anmeldung am Empfang, auch von außen sichtbar) / U2,5 Neuperlach Zentrum □

Rupprecht Geiger
o.T., 1986, vier Wandobjekte, Aluminium, spritzlackiert, je ca. 300 x 400 x 1,2 cm
60 Technische Universität, Eingangshalle, Theresienstraße (sonntags geschlossen; 1996 beschädigt) / U2 Königsplatz, Tram 27 Pinakothek

Rupprecht Geiger
Gerundetes Blau, 1987, Skulptur, Aluminium, spritzlackiert, 600 x 700 x 200 cm
22 Gasteig, Eingangsbereich, Rosenheimer Straße 5 / S1–8, Bus 51 Rosenheimer Platz, Tram 18 Gasteig □

Rupprecht Geiger
o.T., 1990, vier zweiteilige Objekte, Acryl auf Aluminium, Rechteckformen 300 x 400 cm, Rundformen ∅ 180 cm und ∅ 250 cm M
81 U-Bahn-Station Machtlfinger Straße / U3, Bus 41, Machtlfingerstraße □

Rupprecht Geiger
Farbfeld 845/91, Pink moduliert, 1991, Acryl auf Leinwand, 120 x 750 cm
13 Siemens AG, Betriebsrestaurant, Wittelsbacherplatz 2 (Mo–Fr 8.30–10.30 Uhr, Anmeldung an der Pforte, Bau 5) / U3,4,5,6, Bus 53 Odeonsplatz

Rupprecht Geiger
Großes Rot mit Contrapunkt, 1995, Acrylfarbe auf Putzgrund, Sprühtechnik, 5,50 x 10 m, ∅ 200 cm
40 Fachhochschule München, Lothstraße 34 (Mo–Fr 7–22 Uhr, Sa 7–13, Semesterferien Mo–Fr 7–17 Uhr) / U1 Maillingerstaße, Bus 20, 21 Lothstraße □

Isa Genzken
X, 1994, Stahlbeton, 300 x 240 x 240 cm, Streben 22 x 15 cm M
27 Dreifachsportanlage, Arnulfstraße 270/Ferdinand-Maria-Straße / Bus 41, 68 Romanplatz □

Nikolaus Gerhart
Skulptur am Portikus der Klosteranlage Sankt Michael, Berg am Laim, (ehemaliger Lagereingang) 1986, Granit, 190 x 150 x 100 cm, 8,5 t M
107 St. Michael Straße 16 / U5,7 Michaelibad (vgl. S. 37)

Nikolaus Gerhart
Mauerprojekt Dachauerstraße, 1988, sechsteilig, Granit, durchschnittliche Höhe ca. 350 cm, Seiten ca. 100 x 100 cm M
28 Westfriedhof, Eingangsbereich, Dachauerstraße, zwischen Orpheusstraße und Wintrichring / U1 Stiglmaierplatz, Tram 20, 21 Hanauerstraße □

Nikolaus Gerhart
Geöffnete Granite II, 1992, achtteilig, Granit, Höhe 350 bis 480 cm
86 Europäisches Patentamt, Innenhof, Bayerstraße 34 / S1–8, U1,2,4,5 Hauptbahnhof, Tram 18, 19 Hermann-Lingg-Straße □

Nikolaus Gerhart
Gerasteter Syenit, 1991, Syenit, 157 x 157 x 90 cm, 4,8 t M
1 Lenbachhaus, Luisenstraße 33/Königsplatz / U 2 Königsplatz

Jutta Glöckner
Welle, 1992, Wandarbeit, weiße Leimfarbe und schwarzer Schultafellack auf Holz, 53 Holzelemente (2,8 x 12,5 x 5 cm), 7 Holzelemente (2,8 x 25 x 5 cm), Gesamtgröße 618 x 25 x 5 cm
11 Hypo-Bank, Rindermarkt (Mo–Fr 9.30–12.30 und 13.45–15.45, Do bis 17.30) / S1–8, U3,6 Marienplatz

Alfred Görig
Passage, 1979, Brunnen, Granit und Eisen, 300 x 700 cm M
91 Partnachplatz / U6 Partnachplatz

Alfred Görig
Vierteiliger Kubus, 1985, Granit, 300 x 300 x 300 cm
46 Berliner Straße 95 / U6 Nordfriedhof

Dan Graham
Walkway for Hypo-Bank, 1995–1997, Korridor als begehbare Skulptur, Edelstahl-Lochblech, Stahlrahmen, Einwegspiegelglas, transparentes Glas, Gesamtmaße ca. 280 x 900 x 5300 cm
74 Hypo-Bank, Verbindungsgang zwischen Verwaltungshochhaus und neuem Erweiterungsbau, Arabellastraße 12 (Fertigstellung Ende 1997), / U4, Bus 44, 87, 88, 188, 89 Richard-Strauss-Straße (vgl. S. 42)

Katharina Grosse
o.T., 1996, Wandmalerei, Öl
88 Siemens AG, Mitarbeiterkasino, Hansastraße 10, Eingang Tübinger Straße 1 (Telefonische Anmeldung: 92 21 26 13) / S7, U4,5 Heimeranplatz

Asta Gröting
Orientierungsapparat/rosa, 1993, Polyester, zweiteilig, je 200 x 135 x 112 cm
53 Hypo-Bank, Münchener Freiheit/Feilitzschstraße (Mo–Fr 8.30–12.30; 13.45–15.45, Do bis 17.30) / U3,6, Bus 33, 43, 54 Münchener Freiheit □

Lorenzo Guerrini
Niobe, 1974, Toskanischer Stein, fünfteilig, 72 x 70,5 x 29 cm; 118,5 x 71,5 x 38 cm; 103,5 x 49,5 x 32 cm; 107 x 51,5 x 24,5 cm; 201,5 x 107 x 54 cm
63 Skulpturenpark Alte Pinakothek, Theresienstraße / U2 Königsplatz, Tram 27 Pinakothek

Edgar Gutbub
Hammer, 1990, Edelstahl, Höhe 420 cm
60 Technische Universität, Heßstraße 5 / U2 Königsplatz, Tram 19 Pinakothek

Barbara Hammann
Palestina Girl, 1989, Cibachromedia, Edelstahl Hochglanz, 200 x 300 x 30 cm M
106 Jugendzentrum, Einsteinstraße 90 / U4,5 Max-Weber-Platz, Bus 91, 191 Flurstraße □

Erich Hauser
Doppelsäule, 1970, Edelstahl, 750 x 400 x 300 cm (aufgestellt 1984)
63 Skulpturenpark Alte Pinakothek, Theresienstraße / U2 Königsplatz, Tram 27 Pinakothek □

Bernhard Heiliger
Flügelmotiv, 1975, Bronze, Höhe ohne Sockel 420 cm
57 Am Tucherpark/ Sederanger, am Eisbach / Bus 54 Tucherpark □

Albert Hien
o.T., 1987/92, Objekt im See, Edelstahl, Titan-Zink, Wasser, 540 x 850 x 135 cm (M, mit Mitteln des Kulturbaufonds)
109 Gustav-Heinemann-Ring, Grünanlagen / U2,5 Neuperlach Süd, Bus 197 Hermann-Pünder-Straße

Albert Hien
o.T. (»Professor Erich-Schulze-Brunnen«, »GEMA-Brunnen«), 1989, Messing, Naturstein, Wasser, Höhe 750 cm
22 Gasteig/GEMA, Rosenheimer Straße 11 / S1–8, Bus 51 Rosenheimer Platz, Tram 18 Gasteig □

Albert Hien
o.T., 1996, Kupfer, Messing, Stahl, Glas, Licht, Wasser, 26 x 11,8 x 8,6 m
108 Vereinte Versicherungen, Fritz-Schäffer-Straße 9 (Mo–Fr 8–16 Uhr, Anmeldung am Empfang) / U2,5 Neuperlach Zentrum □

Marie-Eugenie Hinrichs
o.T., 1990, Trinkbrunnen, Bronze, grün patiniert, Höhe ca. 110 cm M
44 Jürgen-von-Hollander Platz / U3 Petuelring, Bus 80 Schopenhauerstraße, Bus 36 Nietzschestraße

Christian Hinz
o.T., 1993, Granit und Glas, Höhe 390 cm, Grundfläche 537 auf 200 cm
86 Europäisches Patentamt, Haupteingang, Bayerstraße 34 / S1–8, U1,2,4,5 Hauptbahnhof, Tram 18, 19 Hermann-Lingg-Straße

Jenny Holzer
Oskar-Maria-Graf-Denkmal (Arbeitstitel), elektronische Schrifttafeln, Zitate von Oskar Maria Graf auf Lederbänken, Granittischen und Geschirr auf der Terrasse und im Café, Literaturhaus (Fertigstellung Frühjahr 1997; M, mit Mitteln des Kulturbaufonds)
5 Salvatorplatz / U3,4,5,6, Bus 53 Odeonsplatz

Roni Horn
You and the weather, 1996/97, Hartgummi, 1 Zoll dick, Eingangsmatte innen und außen, 43 qm und 42 qm, und Handlauf des Treppengeländers
33 Deutscher Wetterdienst, Dachauerstraße, Eingang Helene-Weber-Allee/Hedwig-Dransfeld-Allee (Fertigstellung Anfang 1997, geöffnet zu Bürozeiten) / U1,2,4,5 Hauptbahnhof, Tram 20 Heideckstraße

Ulrich Horndash
... le centre est partout, la circonférence nulle part., 1992, Deckengemälde, 64teiliger Farbkreis, ∅ 640 cm M
1 Lenbachhaus, Treppenaufgang, Luisenstraße 33 (Di–So 10–18 Uhr, Do 10–20 Uhr) / U 2 Königsplatz □

Ika Huber
o.T., 1990, Acryl, Öl auf Leinwand, vier Arbeiten je 220 x 110 cm
4 Oberfinanzdirektion, 5. Stock, Eingang Arcostraße/Barerstraße (Mo–Do 8–16 Uhr, Fr 8–13 Uhr) / S1–7, U4,5 Stachus, Tram 27 Ottostraße

Monika Huber
o.T., 1994/95, Wandarbeit in einem unterirdischen, ca. 80 m langen Verbindungsweg: acht vierteilige Bildwerke, Siebdruck im Duplexverfahren auf Aluminium, Höhe je 180 cm, Länge zwischen 250 cm und 750 cm
55 Münchener Rückversicherungs-Gesellschaft, Leopoldstraße 36 (öffentlich nicht zugänglich) / U3,6, Bus 54, 154 Giselastraße (vgl. S. 40)

Stephan Huber
Vulcano, 1991, Aluminium, Siebdruck auf Aluminium, zweiteilig, je ca. 80 x ca. 200 x ca. 50 cm
4 Oberfinanzdirektion, 2. Stock, Eingang Arcostraße/Barerstraße (Mo–Do 8–16 Uhr, Fr 8–13 Uhr) / S1–7, U4,5 Stachus, Tram 27 Ottostraße

Stephan Huber
Die Alpen, 1992, hängender Brunnen, Gesamthöhe 13 m
69 Flughafen München, Terminal A / S8 Flughafen □

Stephan Huber
Rotwand: diaphan, 1995, Poroton-Ziegel, Drahtseile, Eichenparkett, Gesamthöhe ca. 15 m, Mauer 10 m M
1 Lenbachhaus, Luisenstraße 33 (geöffnet Di–So 10–18 Uhr, Do 10–20 Uhr) / U2 Königsplatz □

Magdalena Jetelová
Aus dem Zyklus: Treppen, 1982/90, Brunnenskulptur, Granit aus Andeer/Schweiz, Höhe 400 cm M
84 Schweizer Platz / U3 Fürstenried West □

Marin Kasimir
Six Plus One & More, 1990/91, Spiegelinstallation
75 Siemens AG, Haus Augsburg, Treppenhaus, Richard-Strauss-Straße 76 (Voranmeldung, Tel. 92 21 26 13) / U4, Bus 44, 87, 88, 188, 89 Richard-Strauss-Straße

Stephan Kern
o.T., 1986, vier Wandobjekte, Edelstahl, Eisen, lackiert
22 Gasteig, 2. Stock, Innenhof, Rosenheimer Straße 5 (Mo–Fr 8–ca. 22 Uhr, Sa/So abhängig von Veranstaltungen, von innen sichtbar, Innenhoftür geschlossen) / S1–8, Bus 51 Rosenheimer Platz, Tram 18 Gasteig

Stephan Kern
o.T., 1990, Wandobjekte, siebenteilig, Edelstahl, teils lackiert, Bronze- und Aluminiumguß
60 Technische Universität München, Fassade, Heßstraße 5 / U2 Königsplatz, Tram 27 Pinakothek □

Philipp King
Cross Bend (»Stürzende geometrische Formen«), 1980, schweißbares Stahlblech mit Korrosionsschutz und Farbanstrich, Höhe ca. 850 cm
20 Europäisches Patentamt, Außenanlagen, Erhardtstraße 27 / Bus 52, 56 Baaderstraße □

Heinrich Kirchner
Friedensbote, 1983, Bronze, Höhe 485 cm M
103 Anton-Fingerle-Berufsbildungszentrum, Eingangsbereich, Schlierseestraße 47 / S1,2, U1,2, Bus N12, 27, 39, 44, 45, 98, 99 Giesing

Per Kirkeby
Landschaft, 1987, Öl auf Leinwand, ca. 350 x 300 cm
22 Gasteig, 1. Stock beim Carl-Orff-Saal, Rosenheimer Straße 5 (geöffnet Mo–Fr 8–ca. 22 Uhr, Sa/So abhängig von Veranstaltungen) / S1–8, Bus 51 Rosenheimer Platz, Tram 18 Gasteig □

Hermann Kleinknecht
o. T., 1979, Wandarbeit, fünfteilig, Bronze, putzbündig
26 Institut für bituminöse Baustoffe, Foyer, Baumbachstraße 7 / S3–6,8 Pasing, Bus 134 Schmaedelstraße

Hermann Kleinknecht
o.T., 1994 Stahlskulptur und Bodenskulptur im Außenbereich
78 Genzentrum der Universität München, Feodor-Lynen-Straße 25 / S1–6,8 Laim, Bus 68 Klinikum Nord

Fritz Koenig
Große Kugelkopfsäule F, 1969/71, Bronze, Höhe 420 cm M
1 Lenbachhaus, Luisenstraße 33/Königsplatz / U2 Königsplatz

Fritz Koenig
Große Zwei V, 1973, Bronze, 262 x 164,5 x 65 cm (aufgestellt 1984)
62 Außenanlagen Neue Pinakothek, Barerstraße / U2 Königsplatz, Tram 27 Pinakothek

Fritz Koenig
Große Zwei VI, 1973/82, Bronze M
73 Krankenhaus München-Bogenhausen, Englschalkingerstraße 77 / U4, Bus 88, 188 Arabellapark, Bus 37, 89, 90, 154, 187 Krankenhaus Bogenhausen □

Fritz Koenig
Große Kore III, 1972–75, Bronze, Höhe 370 cm
83 Gymnasium Fürstenried-West, Graubündener Straße/Engadinerstraße / U3 Fürstenried West

Fritz Koenig
Große Torfigur, 1985/86, Bronze, Höhe 640 cm
58 Bayerische Vereinsbank, Am Tucherpark 1 / Bus 54 Tucherpark

Fritz Koenig
Große Flora VI, 1994, Bronze, Höhe 600 cm
90 Landesarbeitsamt Südbayern, Thalkirchener Straße 54 / U3 Thalkirchen

Fritz Koenig
Mahnmal für die Opfer des Terroranschlags 1972, 1994/95, Granit, 2 x 100 x 0,80 m
29 Olympiagelände, Brücke zur Olympiahalle / U3 Olympiazentrum, Bus N81, 36 Eissportstadion

Leo Kornbrust
Vom Kubus zur Kugel, 1978, Serpentin/Tauerngrün, ∅ 140 cm; Hofgestaltung Pflasterung, 1978, Serpentin, Granit, 20 x 40 m
12 Augenklinik der Universität München, Innenhof, Mathildenstraße 8 / U1,2,3,6 Sendlinger Tor

Leo Kornbrust
o.T., 1980/81, Impala Granit Gabbro Südafrika, 940 x 55 x 100 cm
108 Vereinte Versicherungen, Eingangsbereich, Fritz-Schäffer-Straße 9 / U2,3 Neuperlach Zentrum

Leo Kornbrust
o.T., 1985, Schriftsäule, schwarzer Granit, achteckig, 850 x 60 x 60 cm, Schrift sandgestrahlt, Text Felicitas Frischmuth
48 Berliner Straße / U6 Nordfriedhof, Bus 43, 85, 143, 185, 692, 695 Parzivalplatz

Leo Kornbrust
o.T., 1986, Granit-Kante, roter schwedischer Granit Vanga, Höhe ca. 7–9 m M
54 Feuerwache 4, Fassade, Nordendstraße 25 / S1–8, U4,5 Stachus, Tram 27 Nordendstraße

Leo Kornbrust
o.T., 1989, Schriftsäule, schwarzer Granit, viereckig, eine Kante gefaßt, 995 x 54 x 54 cm, Schrift sandgestrahlt, Text von Felicitas Frischmuth M
92 Thalkirchner Straße/Brudermühlstraße / U3 Brudermühlstraße

Leo Kornbrust
Mahnmal zur Erinnerung an die Opfer des Widerstandes gegen den Nationalsozialismus, 1996, Gabbro Dolerit Zimbabwe, 160 x 160 x 160 cm, ca. 17 t
15 Staatskanzlei, Arkadengang, Hofgarten / U3,4,5,6, Bus 53 Odeonsplatz □

Michael Kramer
o.T., 1992, Stahl, Aluminium, Kupfer, Messing, Skulptur in drei keilförmigen Erschließungsräumen, Länge ca. 80 m M
72 Städtische Helen-Keller-Realschule, Fürkhofstraße 30 / Bus 37, 89, 188 Fritz-Meyer-Weg

Susann Kretschmer, Fridhelm Klein
Upstairs – Downstairs, 1995, Installation aus drei mehrteiligen Leuchtkästen, Cibachrome, 190 x 407 cm; 123 x 700 cm; 186 x 300 cm, und fünf kleinformatigen Leuchtkästen über vier Untergeschosse
55 Münchener Rückversicherungs-Gesellschaft, Parkgarage, Leopoldstraße 36 (öffentlich nicht zugänglich) / U3,6, Bus 54, 154 Giselastraße

Raimund Kummer
Malossol, 1988, Cibachrome 163,4 x 124,6 cm hinter 19 mm Glas, brünierter Stahl, Wandanstrich, 650 x 450 x 94 cm
75 Siemens AG, Richard-Strauss-Straße 76, Geldautomatenraum Hypo-Bank (von außen sichtbar, Türe zu öffnen mit Scheckkarte) / U4, Bus 44, 87, 88, 188, 89 Richard-Strauss-Straße

Alfons Lachauer
Ronchamp, 1995, Acryl auf Putz, sechs Lichtschächte in sechs Farben
76 Fachhochschule Pasing, Foyer Erweiterungsbau, Am Stadtpark 20 / S3,4,5,6,8 Pasing, Bus 71 Kraillinger Weg

Alfons Lachauer
o.T., 1996/97, Raumkonzept: Wand A: achtteiliges Rot, 5 x 120 m; Wand B: achtteiliges Grün, 5 x 120 m, Bahnsteigboden (Breite
9 m, Länge 120 m) in schwarzem und weißem Granit querstreifig verlegt M
104 U-Bahn-Station Wettersteinplatz (Fertigstellung Mitte 1997) / Bus 27, 15, 25, 51, 58 Wettersteinplatz

Hans Ladner
o.T., 1976/77, Edelstahl, Granit, Höhe 600 cm
45 Deutsche Bank, Ungererstraße 175 / U6, Bus 46, 143 Alte Heide

Marie-Jo Lafontaine
Titan, 1992/93, Buchenholz, zweiteilig, 576 x 480 x 82 cm
102 Siemens AG, München, St.-Martin-Straße 76 (geöffnet Mo–Fr 9–16 Uhr) / S1,2 St. Martin-Straße □

Alf Lechner
o.T., 1973, Vierkantstahlrohr, rostfrei geschliffen, 400 x 700 x 300 cm, Profilquerschnitt 250 x 250 mm M
83 Gymnasium Fürstenried-West, Graubündener Straße/Pontresinaweg / U3 Fürstenried West

Alf Lechner
Exzentrische Pyramide, 1978, Stahl, rostfrei, geschliffen, 600 x 1200 x 300 cm, Profilquerschnitt 80 x 80 mm
66 Ludwig-Maximilians-Universität München, Schellingstraße 3 / U3,6 Universität, Bus 27, 53 Schellingstraße

Alf Lechner
Flächendurchdringung, 1979/83, Stahl, rostfrei, geschliffen, 23,8 x 1,43 x 1,43 m, 50 t
22 Gasteig, Eingangsbereich, Rosenheimer Straße 5 / S1–8, Bus 51 Rosenheimer Platz, Tram 18 Gasteig

Alf Lechner
IGA-Wasserwand, 1981/82, Vierkantstahlrohr, rostfrei, geschliffen, 500 x 500 x 500 cm, Profilquerschnitt 300 x 300 mm
80 Westpark, See / U6, Bus 33 Westpark

Alf Lechner
Würfel – Skelett – Subtraktion, 1983/84, Stahl massiv, 215 x 425 x 475 cm, Profilquerschnitt 100 x 100 mm
63 Skulpturenpark Alte Pinakothek, Theresienstraße / U2 Königsplatz, Tram 27 Pinakothek

Alf Lechner
Stahlblatt Nr. 3, 1986, Stahl, 110 x 170 x 821 cm, 9930 kg M
1 Lenbachhaus, Luisenstraße 33/Königsplatz / U2 Königsplatz □

Alf Lechner
Prisma I, Prisma II, 1995, zwei Skulpturen, Stahl massiv, je 425 x 141 x 100 cm, je 17 t
96 Maximilianeum, Innenhof, Max-Planck-Straße 1 / U4,5, Tram 18, 19, Bus 51, 91, 191, 192 Max-Weber-Platz □

Bernhard Luginbühl
Blauer Ritter, 1980, Holz, Höhe 330 cm
21 Europäisches Patentamt München, Erhardtstraße 27 (Voranmeldung, Tel. 2399–4353) / Bus 52, 56 Baaderstraße □

Heinz Mack
Licht- und Wasserwolke, 1971/1972, Höhe 36 m (Realisation für die Olympischen Spiele)
68 Olympiapark, See (z.Zt. nicht in Betrieb) / U3, Olympiazentrum, Bus N81, 36 Olympiapark Eissportstadion

Luigi Mainolfi
Le Forche Della Pomperia, 1982/83, Terracotta, 300 x 330 cm M
89 Feuerwache 3, Heimeranstraße 10 / U4,5 Messegelände

Gerhard Merz
o.T., 1990/91, Wandmalerei (blau, gelb, rot), elliptischer Grundriß des Treppenhauses 510 x 380 cm, horizontal angebrachte, oval gekrümmte Messingstäbe
4 Oberfinanzdirektion, Eingang Arcostraße/Barerstraße (Mo–Do 8–16 Uhr, Fr 8–13 Uhr) / S1–7, U4,5 Stachus, Tram 27 Ottostraße □

Olaf Metzel
Aus dem Labor, 1992, Skulpturenensemble, Aluminiumguß
95 Klinikum rechts der Isar der Technischen Universität München, Neubau für Strahlentherapie, Nuklearmedizin und Klinische Medizin, 1. Stock, vorgelagerter Dachterrassenbereich, Ismaningerstraße 22 / U4,5, Tram 18, 19, Bus 51, 91, 191, 192 Max-Weber-Platz

Olaf Metzel
Freitreppe, 1994, Stahl verzinkt, Höhe ca. 15 m, ∅ ca. 300 cm
35 Zentralverwaltung Goethe-Institut, Innenhof, Helene-Weber-Allee 1 / U1,2,4,5 Hauptbahnhof, Tram 20, 21 Heideckstraße □

Rune Mields
Der Primzahlenweg 1 bis 100, 1996/97, Bodenarbeit, Natursteine rot und weiß, Teil A 20,8 x 6 m, Teil B 20,8 x 5,6 m M
36 Grundschule Gertrud-Bäumer-Straße 19 (Fertigstellung Mitte 1997) / U1,2,4,5 Hauptbahnhof, Tram 20, 21 Heideckstraße

Rune Mields
Zwei Hände und die Zahlen 1 bis 10, 1996/97, Bodenarbeit, Natursteine rot und weiß, 800 x 560 cm M
34 Kindergarten Lily-Braun-Weg 14 und 16 (gestiftet von der Willi-Althof-Stiftung, Fertigstellung Mitte 1997), / U1,2,4,5 Hauptbahnhof, Tram 20, 21 Heideckstraße (vgl. S. 43)

Henry Moore
Große Liegende (Draped Reclining Woman), 1957/58, Bronze, 169 x 280 x 128 cm
63 Außenanlagen Neue Pinakothek, Theresienstraße / U2 Königsplatz, Tram 27 Pinakothek

Henry Moore
Liegende Figur (Two Pieces Reclining Figure: Points), 1969/70, Bronze, erste Figur 220,5 x 182 x 166 cm; zweite Figur 155 x 182 x 174,5 cm; Sockel 10,5 x 183 x 365,5 cm
61 Skulpturenpark Alte Pinakothek, Theresienstraße / U2 Königsplatz, Tram 27 Pinakothek □

Ben Muthofer
Stele diagonal, 1986, Aluminium, Lack, 10 x 1 x 1 m
38 Staatsministerium für Arbeit, Familie und Sozialordnung, Winzererstraße 9 / Bus 53 Winzererstraße

Maurizio Nannucci
Idea, 1989, Neon
86 Europäisches Patentamt, Cafeteria, Bayerstraße 34 (Voranmeldung, Tel. 2399–6100, auch von außen sichtbar) / S1–8, U1,2,4,5 Hauptbahnhof, Tram 18, 19 Hermann-Lingg-Straße

Maurizio Nannucci
You can imagine the opposite, 1991, Neon ca. 13 m M
1 Lenbachhaus, Fassade, Luisenstraße 33 / U2 Königsplatz □

Maurizio Nannucci
ART, 1991, Neon, 250 x 250 cm M
1 Lenbachhaus, Cafeteria, Luisenstraße 33 (Di–So 10–18 Uhr, Do bis 20 Uhr) / U2 Königsplatz □

Maurizio Nannucci
No, it is opposed, art sees trade's opposition, 1995, Palindrom (Titel vorwärts wie rückwärts zu lesen) aus über 800 Lichtspots, eingelassen in Asphalt, monochrom blaue Ausleuchtung der Passage auf 70 m
55 Münchener Rückversicherungs-Gesellschaft, Leopoldstraße 36 (öffentlich nicht zugänglich) / U3,6, Bus 54, 154 Giselastraße

Maurizio Nannucci
Another Notion Of Different Possibilities, 1996, Neon, 6 x 12 m
108 Vereinte Versicherungen, Fritz-Schäffer-Straße 9 (Mo–Fr 8–16 Uhr, Anmeldung am Empfang, von außen sichtbar) / U2,5 Neuperlach Zentrum

Maurizio Nannucci
Mehr als das Auge sehen kann, Von Null ins Unendliche, Alles Unmögliche ist möglich, Neon, 1993 M
97 Grundschule an der Kirchenstraße, Pausenhalle, Kirchenstraße 11 (Anmeldung, Tel. 419423–14) / U4,5, Tram 18, 19, Bus 51, 91, 191, 192 Max-Weber-Platz

Isamu Noguchi
Zwillingsplastik, 1972, Labrador, Liechtensteiner Granit, Oberfläche geflammt, Seitenlänge des Kubus 350 cm
59 Bayerische Vereinsbank, Am Tucherpark, Eisbach / Bus 54 Tucherpark □

Aribert von Ostrowski
Tulipa non aperta, 1988/90, Motiv der Tulpe in 8 mm starkem Walzstahl über vier Etagen eingelassen in die Wand, Höhe 14 m
2 Finanzamt für Körperschaften, Treppenhaus West, Prinz-Ludwig-Straße 1–3, Eingang über Prinz-Ludwig-Straße 5 (Voranmeldung, Tel. 5995–7001) / U2 Königsplatz

Aribert von Ostrowski
Noli me tangere, 1990/91, mehrteiliger Wortfries aus 8 mm Edelstahl auf tiefdunklem Rot, Buchstaben aus 8 mm Schwarzblech auf weißem Grund
42 Hypo-Bank, Kassenhalle, Rotkreuzplatz, Nymphenburger Straße 164 (Mo-Fr 8.30–12.30 Uhr und 13.45–15.45 Uhr) / U1, Tram 12, Bus N68, 33 Rotkreuzplatz

Aribert von Ostrowski
Public Relations, 1993/94, Lackfarbe auf Wand (8 mm stark), Versalhöhe der gemalten Schriften 5 cm, Versalhöhe der Stahlschriften 20 cm
10 Kaufingertor, in den drei Haupttreppenhäusern, Kaufinger Straße 9, Fürstenfelder Straße 9 und 5 / S1–8, U4,5 Stachus □

Aribert von Ostrowski
RICHTUNG, 1994, Wortfries
3 Hauptbahnhof München, Starnberger Bahnhof, Schalterhalle / S2,4,5,27, Bus N1, N5, N6, N19, N20

Panamarenko
Fliegender Teppich, 1979, Edelstahl, Holzrotoren, Aluminium, 40 Motoren à 12 Volt, Nickel-Kadmium-Batterien, ca. 25 x 300 x 400 cm
21 Europäisches Patentamt, Erhardtstraße 27 (Voranmeldung, Tel. 2399–4353) / Bus 52, 56 Baaderstraße □

Giulio Paolini
Belvedere, 1993, 21 Elemente (Collage auf Karton, je 68 x 96 cm in schwarzen dünnen Rahmen) im Abstand von 1,5 cm gehängt, Gesamtgröße 225 x 725 cm
6 Bankhaus Maffei & Co. GmbH, Promenadeplatz 9 (Mo–Fr 8.30–12.30 Uhr und 13.45–15.45 Uhr, Do 13.45–16.30 Uhr) / S1–7, U4,5 Stachus, Tram 19 Theatinerstraße (vgl. S. 39)

Eduardo Paolozzi
Camera, 1978/79, Gußeisen, 150 x 600 x 500 cm
20 Europäisches Patentamt, Erhardtstraße 27 / Bus 52, 56 Baaderstraße

Eduardo Paolozzi
For Leonardo, 1986, Eisenguß, 160 x 400 x 700 cm
63 Skulpturenpark Alte Pinakothek, Theresienstraße / U2 Königsplatz, Tram 27 Pinakothek

Eduardo Paolozzi
o. T., 1989, Brunnenanlage, Bronze, Granit
47 Ungererstraße 75/Fritz-Hommel-Weg 4 / U6 Nordfriedhof □

Beate Passow und Andreas von Weizsäcker
Wunden der Erinnerung, 1993, Text auf Glasplatten über Kriegs-Einschußlöchern
63 Alte Pinakothek/Arcisstraße 14, Haus der Kunst/Prinzregentenstraße 65, Universität München/Schellingstraße/Ludwigstraße / U2 Königsplatz, Tram 27 Pinakothek; U3, 6 Universität, Bus N27, 27, 53 Schellingstraße

Sarah Pelikan
Komposition für Kinder, 1993, 21teilige Arbeit
105 Bayerische Landesschule für Körperbehinderte, Kurzstraße 2/Grünwalder Straße 68 (vormittags nach Voranmeldung Tel. 642580) / U1,2 Silberhornstraße, Tram 15 Kurzstraße

Herbert Peters
Monolithische Granitstele, 1982/83, Roggensteiner Granit, 1048 x 160 x 90 cm
50 Deutsche Telekom München, Destouchesstraße 68 / U3 Hohenzollernplatz, Tram 12 Clemensstraße

Herbert Peters
Drei Steinwände, 1990, Roggensteiner Granit, Wand I und II stehend, 130 x 750 x 55 cm, Wand III lagernd, 55 x 750 x 130 cm
4 Oberfinanzdirektion, Innenhof, Arcostraße 2, Zugang über Karlstraße / S1–7, U4,5 Stachus, Tram 27 Ottostraße

Herbert Peters
Zwei monolithische Granitpfeiler, 1991/92, Roggensteiner Granit, 727 x 140 x 110 cm und 767 x 148 x 60 cm
100 Landratsamt, Mariahilfplatz 17 / Tram 27, Bus 52 Mariahilfplatz, Bus 56 Schweigerstraße
□

Heinz Pfahler
o.T., 1993/94, Wasserstelle, Brunnenanlage, Granit, Skulpturen aus Betonguß, Stahl (V2A), Lack, Wasser, Betonbodenplatte ∅ 13,6 m
103 Bayerische Landesschule für Körperbehinderte, Kurzstraße 2/Grünwalderstraße 68 / U1,2 Silberhornstraße, Tram 15 Kurzstraße

Helmut Pfeuffer
Landschaften, fünfteilige Wandarbeit, Emaille M
82 U-Bahn-Station Forstenrieder Allee / U3 Forstenrieder Allee

Anne und Patrick Poirier
Oculus historiae – Oculus memoriae – Oculus oblivionis, 1989, vierteilige Skulptur, Aluminiumguß, Edelstahl, Marmor (M, mit Mitteln des Kulturbaufonds)
52 Stadtarchiv, Eingang Rotunde, Schleißheimer Straße und gegenüber Nordbad, Schleißheimer Straße 142 / Tram 12, 27, Bus 33, 53 Nordbad □

Norbert Prangenberg
o.T., 1997, begehbare vierstufige Backsteinpyramide mit farbig glasierten Keramikkörpern, Höhe 150 cm, Figur auf Abschlußsockel, Höhe 120 cm M
23 Grundschule Allach, Schulhof und Pausenhalle, Eversbuschstraße 182 (Fertigstellung 1997) / S2 Allach, Bus 75, 79 Kleselstraße

David Rabinowitch
Elliptical Plane in 13 Masses and 2 Scales, 1974, Bodenskulptur, Länge 400 cm (im Außenbereich seit 1996)
1 Lenbachhaus, Luisenstraße 33/Königsplatz / U2 Königsplatz □

Norbert Radermacher
Das Pferd, 1992, Bronze, lebensgroß, auf Holzplinthe montiert mit darin eingelassenen hölzernen Rädern
75 Siemens AG, Haupteingang, Fahrradständer, Richard-Strauss-Straße 76 / U4, Bus 44, 87, 88, 188, 89 Richard-Strauss-Straße

Norbert Radermacher
Die Säule, 1992, sieben 1,5 m hohe Aluminiumgefäße auf sieben 15 m hohen Betonsäulen
40 Fachhochschule München, Lothstraße 13d und gegenüber Lothstraße 34 / U1 Maillingerstraße, Bus 20, 21 Lothstraße □

Norbert Radermacher
Pendelturm, 1997, runder Turm, blau gefaßt, Pariser Blau, ∅ am Boden 8 m, ∅ an der Spitze 4 m, Höhe ca. 18 m; Pendel, Edelstahl, Länge ca. 18 m M
25 Berufsbildungszentrum Elektrotechnik, Bergsonstraße 103 (Fertigstellung Sommer 1997) / S3 Langwied

Inga Ragnarsdóttir
o. T., 1989, Brunnen, dreiteilig, Edelstahl geschweißt, 210 x 100 x 117 cm; 120 x 95 x 100 cm; 25 x 50 x 60 cm M
51 Herzogstraße/Fallmerayerstraße / U2 Hohenzollernplatz □

Erich Reusch
Raumskulptur, 1990, Granit, Pflastersteine
40 Fachhochschule München, Innenhof, Lothstraße 34 (Mo–Fr 7–22 Uhr, Sa 7–13 Uhr, Semesterferien Fr 7–17 Uhr) / U1 Maillingerstraße, Bus 20, 21 Lothstraße

Erich Reusch
o.T., 1979/82, Corten-Stahl, größte Länge 500 m
32 Bundeswehr-Verwaltungszentrum, Dachauer Straße 128/Fußgängerzuweg Ecke Landshuter Allee / U1,2,3,6 Sendlinger Tor, Tram 20 Leonrodplatz

Dagmar Rhodius
o. T., 1995, Wandarbeit, Schriftzeichen aus Edelstahl
85 Landesbausparkasse, Foyer und Galerie, Arnulfstraße 50 (Mo–Fr 8–16 Uhr) / S1–8 Hackerbrücke, Tram 17 Hagenstraße

George Rickey
Vierzig Dreiecke in drei Sätzen, 1981/82, Stahl rostfrei geschliffen, 12 x 4 m
74 Hypo-Bank, Verwaltungszentrum, Foyer, Arabellastraße 12 (Führung für Gruppen ab 10 Personen, Anmeldung im Vorstandssekretariat, Tel. 92440; für unangemeldete Besucher von der Sicherheitsschranke aus teilweise sichtbar) / U4, Bus 44, 87, 88, 188, 89 Richard-Strauss-Straße □

Jan Roth
o.T., 1989, Wandgestaltung, Reihe von zueinandergeneigten, hochformatigen Spiegelpaaren in Achse der Bahnsteigpfeiler M
93 U-Bahn-Station Aidenbachstraße / U3, Bus N33, 33, 41 Aidenbachstraße

Hans Rucker
o. T. (»Kaskaden-Brunnen«), 1986, Carrara-Marmor, 550 x 350 cm
56 Universität, Vorplatz U-Bahn, Leopoldstraße 13 / U3,6 Giselastraße, Bus 54, 154

Ulrich Rückriem
Finnischer Granit, gespalten, 1987, 220 x 100 x 110 cm (über Erde) M
1 Lenbachhaus, Garten, Luisenstraße 33 / U2 Königsplatz

Ulrich Rückriem
Finnischer Granit, gespalten, 1992/93, zweiteilig 550 x 120 x 110 cm und 550 x 140 x 140 cm
35 Zentralverwaltung Goethe-Institut, Helene-Weber-Allee 1 / U1,2,3,6 Sendlinger Tor, Tram 20, 21 Heideckstraße □

Igor Sacharow-Ross
Innere Vertikale, 1994, Aluminium, Eisen, Messing, Holz, Sandstein, 290 x 440 x 36 cm
16 Hannover Leasing, Foyer, Unsöldstraße 2 (Mo–Fr 8–18 Uhr) / U4,5 Lehel

Jochen Scheithauer
o.T, 1991, Platzgestaltung, Edelstahl, Granitstufen, Basaltpflaster M
87 Grundschule Schwanthalerstraße, Eingang St.-Paul-Straße, Pausenhof, von außen sichtbar, Schwanthalerstraße 89 / S1–8, U4,5 Stachus

Robert Schmidt
Die Weiße Rose, 1988, Bodenarbeit, Flugblätter
64 Universität, Geschwister-Scholl-Platz / U3,6 Universität

Eva-Maria Schön
Ausschnitt aus dem genetischen Code einer Maus ins Quadrat übertragen, 1993/94, zwei Wandarbeiten: Zeichnung und in die Wand eingelassenes farbiges Lochsystem
78 Genzentrum, Foyer, Feodor-Lynen-Straße 25 / S3–6,8 Pasing, Bus 34 Schmaedelstraße

Klaus Schultze
o.T., 1983–84, Brunnen- und Platzgestaltung, Backsteinskulpturen, teilweise glasiert, 500 x 280 x 300 cm, neun Bänke 300 x 150 x 110 cm M
42 Rotkreuzplatz / U1, Tram 12, Bus N68, 33 Rotkreuzplatz ☐

Klaus Schultze
Stehender, Liegende, 1987, zwei Skulpturen aus Backstein und Zement, 300 x 200 cm und 150 x 400 cm
39 Bayerisches Landesamt für Wasserwirtschaft, Lazarettstraße 67 / U1 Maillingerstraße, Tram 20, 21 Lothstraße

Keith Sonnier
Lichtweg, 1992, Lichtinstallation, Neon, Länge 1000 m
69 Flughafen München, Terminal, Verbindungsebene 03 (Fußgängerweg/Personenbeförderungsband) / S8 Flughafen ☐

Toni Stadler
Große Liegende »Aglaia«, 1961–1963, Bronze, 97 x 208 x 96 cm (aufgestellt 1981)
62 Außenanlage Neue Pinakothek, Theresienstraße / U2 Königsplatz, Tram 27 Pinakothek

Toni Stadler
Große Liegende »Ägäis«, 1964, Bronze, 92 x 195 x 108 cm
58 Bayerische Vereinsbank, Park, Seerosenteich, Am Tucherpark 1 / Bus 54 Tucherpark ☐

Alix Stadtbäumer
o.T., 1990, Trinkbrunnen, italienischer Serpentin (Sockel), Granit (Gießgefäß und Auffangbecken), Höhe 120 cm M
98 Preysingstraße/Wolfgangstraße / U4,5 Max-Weber-Platz, Tram 19, Bus 51 Wörthstraße

Rolf Szymanski
Synagoge, 1963, Bronze, 210 x 60 cm, numeriert 1/1; montiert auf rundem Betonsockel (aufgestellt 1984)
63 Skulpturenpark Alte Pinakothek, Theresienstraße / U2 Königsplatz, Tram 27 Pinakothek

Rolf Szymanski
Die öffentliche Rose, 1969/71, Eisen, Höhe 325 cm, ∅ 250 cm
19 Zwingerstraße/ Westenriederstraße (gestiftet von Theo Wormland) / S1–8,27, Bus N20, Tram 17, 18 Isartor ☐

Takis
Signaux lumineux »vis d'Archimède«, 1985, Eisen, Höhe 350 cm, ∅ 40 cm (am Boden) und Höhe 300 cm, ∅ 35 cm (am Boden)
86 Europäisches Patentamt, Haupteingang, Bayerstraße 34 / S1–8, U1,2,4,5 Hauptbahnhof, Tram 18, 19 Hermann-Lingg-Straße ☐

Dietmar Tanterl
Feuerwache 8, 1995, Neon, Länge 30 m M
71 Feuerwache 8, Fassade, Apianstraße 1 (schaltet sich selbst ein bei Einbruch der Dämmerung) / S8 Unterföhring ☐

Dietmar Tanterl
Grundgesetz, 1996/97, rechteckiges, schwarz eloxiertes und gestanztes Lichtprofil, Aluminium, Leuchtdioden (Text aus den ersten drei Artikeln des Grundgesetzes), Länge 50 m M
99 Verwaltungsgebäude, Fassade, Franziskanerstraße 8 (Fertigstellung 1997) / S1–7, Bus 51 Rosenheimerplatz

Dietmar Tanterl und Ulrich Horndash
Munich Re Passage, 1995, diaphane Wand (D.T.), roter Teppich (U.H.), Länge 80 m
55 Münchener Rückversicherungs-Gesellschaft, Ludwigstraße 36 (öffentlich nicht zugänglich) / U3,6 Bus 54, 154 Giselastraße

Fred Thieler
Nachthimmel, 1988/91, Mischtechnik auf Leinwand, ca. 18 x 11 m
17 Residenztheater München, Decke des Theaterraums, Max-Joseph-Platz 1 (zugänglich nur bei Theatervorstellungen) / S1–8, U3,6, Bus 52 Marienplatz, Tram 19 Nationaltheater □

Keiji Uematsu
Floating Form / Inclination, 1992, Stahl, Granit, Eisen, 530 x 260 x 100 cm
69 Flughafen München, Eingang zum Polizeigebäude, Nordallee 6 / S8 Besucherpark □

Hannsjörg Voth
Lebensbogen, 1988/89, Edelstahl, Beton M
67 Klärwerk München II, Gut Marienhof, Hauptverwaltung, Dietersheim / U6 Garching-Hochbrück, Bus 691 Marienhof □

Hannsjörg Voth
Zwischen Sonnentor und Mondplatz, 1991–93, Rauminstallation, 100 x 4 m
86 Europäisches Patentamt, Bayerstraße 34/Kurt-Haertel-Passage / S1–8, U1,2,4,5 Hauptbahnhof, Tram 18, 19 Hermann-Lingg-Straße □

Rudolf Wachter
Konkav – Konvex, 1979, Marmorsäule, Höhe 500 cm M
43 Berufsbildungszentrum für Augenoptik, Marsplatz 8 / U1 Stiglmaierplatz

Rudolf Wachter
Torre Pendente, 1987, Mahagonistamm, Höhe 650 cm, ∅ 210 cm M
101 Edelweißstraße/ Tegernseer Landstraße / U1,2 Silberhornstraße, Bus 51 Ostfriedhof □

Lawrence Weiner
Riten des Übergangs, 1993/94, Kupferplatte natur, unbehandelt, 150 x 220,5 x 0,5 cm, ∅ 148,5 cm M
1 Lenbachhaus, Fassade, Luisenstraße 33 / U2 Königsplatz □

Hans Wimmer
Trojanisches Pferd, 1976/81, Bronze, 450 x 130 x 220 cm (mit Sockel) M
63 Skulpturenpark Alte Pinakothek, Barerstraße / U2 Königsplatz, Tram 27 Pinakothek □

Rainer Wittenborn und Nikolaus Lang
Schwarzwasser / Weißwasser, 1991–1997, M
68 Klärwerk Gut Großlappen, Zuweg Verwaltungszentrum Freisinger Landstraße 187 (Fertigstellung 1997) / U6 Garching-Hochbrück, Bus 691

Jerry Zeniuk
o.T., 1996, Öl auf Leinwand, zwei Gemälde einander gegenüber, senkrecht 11,85 x 2,45 m, waagrecht 2,45 x 11,45 m
37 Amtsgericht München, Foyer, Infanteriestraße 5 (Mo–Do 8–16 Uhr, Fr 8–13 Uhr) / U3,6 Münchener Freiheit, Bus 33 Infanteriestraße □

Bernd Zimmer
Luft, 1995, Acryl auf Leinwand, 418 x 270 cm
7 Dresdner Bank, Promenadeplatz 7 (Mo–Mi 8.15–16 Uhr, Do 8.15–18 Uhr, Fr. 8.15–15 Uhr) / S1–7 Stachus, Tram 19 Theatinerstraße □

Textnachweise

Stephan Balkenhol:
St. B., *Über Menschen und Skulpturen,* Publikation anläßlich der Ausstellung im Witte de With, center for contemporary art Rotterdam, 1992/93, Stuttgart 1992, S. 106

Rudolf Belling:
Brief vom 26.9.1956 aus Istanbul, in: *R. B. Skulpturen*, Katalog zur Ausstellung des deutschen Kunstrates April/Mai 1965. Vgl. Winfried Nerdinger, *R. B. und die Kunstströmungen in Berlin 1918–1923,* Berlin 1981, Anm. 592

Max Bill:
M. B. Retrospektive, Skulpturen, Gemälde, Graphik 1928–1987, Ausstellungskatalog Schirn Kunsthalle, Frankfurt, 1987, S. 73

Max Bill:
M. B. rhythmus im raum, hrsg. v. Europäischen Patentamt München, 1994, o.S.

Jonathan Borofsky:
Udo Kittelmann, *J. B. dem Publikum gewidmet,* Stuttgart 1993, S. 69 und S. 72

Michael Croissant:
Zum Thema Skulptur, Ausstellungskatalog München 1978, zitiert nach: Ludwig Rinn, in: *M.C. Plastiken und Zeichnungen,* Ausstellungskatalog Kunstverein Bremerhaven, 1982, o.S.

Helmut Dirnaichner:
Faltblatt für eine Ausstellung des Instituts für moderne Kunst Nürnberg in der SchmidtBank-Galerie, Nürnberg, 1990

Max Ernst:
Sprechtext zu Peter Schamonis Max-Ernst-Film, 1963, zitiert nach: *M.E. Retrospektive zum 100. Geburtstag,* Ausstellungskatalog Staatsgalerie Stuttgart, Kunstsammlung Nordrhein-Westfalen, Düsseldorf, 1991, S. 331

Lothar Fischer:
Einladungskarte zur Ausstellung in der Galerie Niepel, Düsseldorf, 1989

Rotraut Fischer:
Zitat von El Lissitzky, Katalog zur Ausstellung des »Prounen«-Raumes, Berlin 1923

Dan Flavin:
Neue Anwendungen fluoreszierenden Lichts mit Diagrammen, Zeichnungen und Drucken von D.F., Ausstellungskatalog Staatliche Kunsthalle Baden-Baden, 1989, S. 47 und S. 48

Günther Förg:
G.F., in: *Künstler. Kritisches Lexikon der Gegenwartskunst,* Ausgabe 29, München 1995

Günter Fruhtrunk:
Eugen Gomringer, Max Imdahl und Gabriele Sterner, *G. F.,* Starnberg 1978, S. 63

Marco Gastini:
M.G. Werke 1967–1993, Ausstellungskatalog Frankfurter Kunstverein, 1993, S. 55

Rupprecht Geiger:
R. G., *Farbe ist Element,* Düsseldorf 1975, o.S.

Rupprecht Geiger:
R.G., *Rotbuch,* Manuskript 1975/1978, erscheint 1997

Isa Genzken:
I. G., in: *Künstler. Kritisches Lexikon der Gegenwartskunst,* Ausgabe 10, München 1990

Asta Gröting:
Unveröffentlichtes Typoskript, 1996

Barbara Hammann:
Text für ein Informationsblatt des Goethe-Instituts anläßlich Hammanns erster Brasilienreise 1981; wiederabgedruckt in: *KünstlerProfessorInnen.* Eine Ausstellung im Kasseler Kunstverein, 1996, o.S.

Erich Hauser:
Ausstellungskatalog Galerie Hennemann, Bonn, 1976

Bernhard Heiliger:
B. H. Retrospektive, Ausstellungskatalog Wilhelm Lehmbruck-Museum, Duisburg, 1985, S. 94

Albert Hien:
A. H., in: *Künstler. Kritisches Lexikon der Gegenwartskunst,* Ausgabe 1, München 1988

Albert Hien:
Unveröffentlichtes Typoskript, 1988/89

Ulrich Horndash:
U.H. Immer: Grundriss! Kinder! Kinder!, Ausstellungskatalog Städtische Galerie im Lenbachhaus, München, 1992, S. 34

Stephan Huber:
St. H. Raimund Kummer, Ausstellungskatalog Hamburger Kunsthalle, 1991, S. 36

Stephan Huber:
Gespräch mit Jochen Kronjäger, in: *St. H. Bauplatz,* Ausstellungskatalog Kunsthalle Mannheim, 1994, S. 47f.

Magdalena Jetelová:
Ausstellungskatalog Belvedere, Prag, 1993, S. 25

Stephan Kern:
Zitat von Jorge Luis Borges, Die analytische Sprache John Wikins', in: Borges: *Das eine und die Vielen. Essay zur Literatur,* München 1966, S. 212 (zitiert in: *St. K. Skulpturen 1981–1984,* hrsg. vom Institut für moderne Kunst Nürnberg, 1984, o.S.)

Philipp King:
Katalog 121, Galleria dell'Ariete, Mailand 1966; zitiert nach: Eduard Trier, *Bildhauertheorien im 20. Jahrhundert,* Neuausgabe, Berlin 1992, S. 206

Per Kirkeby:
P. K. Handbuch, Berlin 1993, S. 184; zitiert nach: *P. K. Malerei, Royden Rabinowitch Skulptur,* Ausstellungskatalog Neue Galerie Staatliche Museen Kassel, 1994, S. 13

Fritz Koenig:
Zoeken naar het mensbeld. Een peiling aan het eind van de 20e eeuw, hrsg. v. Gerard, Rijntjes, Utrecht 1995, S. 136

Leo Kornbrust:
Unveröffentlichtes Typoskript 1996 und Gespräch mit Monika Bugs, in: *Interview 4,* hrsg. v. Institut für aktuelle Kunst im Saarland, Hochschule der Bildenden Künste Saar, Saarlouis, 1995, S. 19

Marie-Jo Lafontaine:
M.-J. L., *Der Kunstmarkt ist keine demokratische Angelegenheit,* Manuskript für eine Redereihe des Beck Forums, München, abgedruckt in: *Süddeutsche Zeitung* vom 23. Mai 1996

Alf Lechner:
A. L., in: *Künstler. Kritisches Lexikon der Gegenwartskunst,* Ausgabe 9, München 1990

Bernhard Luginbühl:
B. L., in: *Künstler, Kritisches Lexikon der Gegenwartskunst,* Ausgabe 16, München 1991

Gerhard Merz:
Gespräch mit Sara Rogenhofer und Florian Rötzer, in: *Kunstforum 92* (1987/88), S. 176ff.

Olaf Metzel:
Gespräch mit Ulrich Wilmes, in: *O.M. Freizeitpark,* Ausstellungskatalog Kunstbau Lenbachhaus München, 1996, S. 128

Henry Moore:
H. M., in: *Künstler, Kritisches Lexikon der Gegenwartskunst,* Ausgabe 32, München 1995

Maurizio Nannucci:
Gespräch mit Helmut Friedel, in: *M.N. You can imagine the opposite,* Ausstellungskatalog Städtische Galerie im Lenbachhaus, München, 1991, S. 61 und S. 62

Isamu Noguchi:
I.N., *essays and conversations,* hrsg. v. Diane Apostolos-Cappadona und Bruce Altshuler, New York 1994, S. 52f.

Aribert von Ostrowski:
Ausschnitt aus der Arbeit »Public Relations«, 1993/94

Panamarenko:
Insect Flight, seen from Inside the Body of the Insect, in: P., Bielefeld 1975, S. 35

Eduardo Paolozzi:
»Recurring themes«, Ausstellungskatalog Royal Scottish Academy, 1984; zitiert nach: *E.P.* Ausstellungskatalog Europäisches Patentamt München, 1996, o.S.

Herbert Peters:
Mündlich, 1996

Anne und Patrick Poirier:
A. und P. P., »Mnemosyne 1990-1991«, in: Ausstellungskatalog Museum Moderner Kunst Stiftung Ludwig, Wien, Mailand, 1994, S. 170

David Rabinowitch:
D. R., hrsg. v. Catrina Neiman, Ausstellungskatalog Kunsthalle Tübingen, Bielefeld, Kunstmuseum Düsseldorf, 1987, S. 95

Norbert Radermacher:
N.R., *Stuttgart. Fünf Stücke für die Stadt,* hrsg. vom Institut für moderne Kunst Nürnberg, 1987, o.S.

Inga Ragnarsdóttir:
unveröffentlichtes Typoskript, 1996

George Rickey:
Ausstellungskatalog der Kestner Gesellschaft Hannover, 1973, zitiert nach: Ausstellungskatalog Neue Nationalgalerie, West Berlin, 1973/74, S. 20

Ulrich Rückriem:
Gespräch mit Paul Hefting; wiederabgedruckt in: *Texte über U. R. 1964–1987, Publikation anläßlich der Ausstellung in der Kunstsammlung Nordrhein-Westfalen,* Düsseldorf, 1987, S. 132 und S. 133

Klaus Schultze:
K.S. Backsteinskulpturen, mit einem Text von Peter M. Bode, o.O., o.J., o.S.

Keith Sonnier:
Lightway - K.S. - Lichtweg, Stuttgart 1993, S. 26

Toni Stadler:
Hans Winkel: 14 Berichte, Stuttgart 1967; zitiert nach: T. St. Ausstellungskatalog Mittelrheinisches Landesmuseum Mainz, 1979, S. 19

Rolf Szymanski:
Gespräch mit Kathleen Krenzlin und Angela Lammert, in: Sinn und Form, Heft 1, 1992; zitiert nach: *R.S. Plastik und Zeichnung,* Ausstellungskatalog Museum der Bildenden Künste, Leipzig, 1993, S. 69

Takis:
Estafilades (Autobiographie), Paris 1961, zitiert nach: *Takis' Musikalische Räume,* Ausstellungskatalog Kunstverein Hannover, 1974, S. 12

Fred Thieler:
F. Th., *Zu meiner Arbeit,* in: Wolfgang Rothe, *Wegzeichen im Unbekannten,* Heidelberg 1962, S. 40ff., zitiert nach: F.Th. *Monographie und Werkverzeichnis, Bilder von 1942–1993,* hrsg. v. Andrea Firmenich und Jörn Merkert, Köln 1995, S. 69

Keiji Uematsu:
Nike, 8. Jahrgang, Nr. 34, 1990, S. 3

Hannsjörg Voth:
Gespräch mit Christian W. Thomsen, in: *H.V. Zeitzeichen,* Lebensreisen, München 1994, S. 10, S. 92, S. 17 und S. 106

Rudolf Wachter:
Publikation anläßlich des Kunstpreises der Landeshauptstadt München 1992, S. 42; und: R.W., *Aposynthese,* in: Holzbildhauer-Symposion, Kunstverein Freiburg 1977

Lawrence Weiner:
Rosebud, Jenny Holzer, Matt Mullican, L. W., Ausstellungskatalog Kunstbau Lenbachhaus München, 1994, S. 65f.

Hans Wimmer:
H. W., *Über die Bildhauerei,* Frankfurt am Main, 1961, S. 17

Jerry Zeniuk:
J. Z. Bilder 1994, Galerie Rupert Walser, München 1994, o.S.

Bernd Zimmer:
B. Z. Bilder 1987–1992, Ausstellungskatalog Kunsthalle in Emden, Stiftung Henri Nannen, 1993, S. 7

Ausgewählte Literatur

Norbert Lieb, *München. Die Geschichte seiner Kunst,* München 1971

Skulptur. Ausstellung in Münster, Ausstellungskatalog Westfäl. Landesmuseum, Münster 1977

Skulptur im 20. Jahrhundert, Kunstforum Bd. 73/74, 1984

Skulptur Projekte in Münster 1987, Ausstellungskatalog Westfälisches Landesmuseum, Münster 1987

Skulpturenboulevard Kurfürstendamm Tauentzien. Kunst im öffentlichen Raum, Bd. 1 und 2, Berlin 1987

Abraham M. Hammacher, *Die Plastik der Moderne. Von Rodin bis zur Gegenwart,* Frankfurt–Berlin 1988

Kunst in München, hrsg. v. Gert Gliewe, Köln 1988

Kunst im öffentlichen Raum. Anstöße der 80er Jahre, hrsg. v. Volker Plagemann, Köln 1989

Denkmal – Zeichen – Monument. Skulptur und öffentlicher Raum heute, hrsg. v. Ekkehard Mai und Gisela Schmirber, München 1989

Helmut Friedel, »Einige Schwierigkeiten der schönen Künste«, in: *ohne Auftrag, Zur Geschichte des Kunsthandels,* Bd. I: München, hrsg. v. Rupert Walser und Bernhard Wittenbrink, München 1989, S. 166–185

Eduard Trier, *Bildhauertheorien im 20. Jahrhundert,* Neuausgabe, Berlin [4]1992

Gestaltete Räume in München 1984–92, Dokumentation des Büro Orange Siemens München, München 1992

La Piazza. Kunst und öffentlicher Raum. Geschichte – Realitäten – Visionen, hrsg. v. Gisela Febel und Gerhart Schröder, Stuttgart 1992

Unerwünschte Monumente. Moderne Kunst im Stadtraum, hrsg. v. Walter Grasskamp, München [2]1992

öffentlich – public freehold. Lawrence Weiner, Ulrich Rückriem, hrsg. v. Ingrid Burgbacher-Krupka, Stuttgart 1992

Christoph Heinrich, *Strategien des Erinnerns. Der veränderte Denkmalbegriff in der Kunst der achtziger Jahre,* München 1993

Josef H. Biller und Hans-Peter Rasp, *München. Kunst- und Kulturlexikon,* München 1994

Plätze in der Stadt, hrsg. v. Hans-Joachim Aminde, Stuttgart 1994

Translokation. Der ver-rückte Ort. Kunst zwischen Architektur, hrsg. v. Marc Mer, Thomas Feuerstein, Klaus Strickner, Wien 1994

Manfred Schneckenburger, *Aushäusig. Kunst für öffentliche Räume,* Regensburg 1994 (= Statement-Reihe, Bd. 57)

Skulptur statt Denkmal. Ausstellungsprojekt 1993 bis 1995. Düsseldorf-Zitadellenviertel zwischen Orangerie- und Poststraße, hrsg. v. Galerie M. und R. Fricke, Stuttgart 1995

Markus Stegmann, *Architektonische Skultpur im 20. Jahrhundert. Historische Aspekte und Werkstrukturen,* Berlin 1995

Spaced out, Zeitung zur Ausstellung, hrsg. v. Kunstverein München, 1996

Ortsregister

□ Abbildung

Giuseppe Spagnulo, Dietmar Tanterl/Angelika Bader u.a.)

Fachhochschule: Rupprecht Geiger □, Norbert Radermacher □, Ernst Reusch (weitere Werke: Stephan Kern)

Fachhochschule Pasing: Alfons Lachauer

Fallmerayerstraße: Inga Ragnarsdóttir

Feilitzschstraße: Asta Gröting □

Ferdinand-Maria-Straße: Isa Genzken □

Feodor-Lynen-Straße : s. Genzentrum

Finanzamt für Körperschaften: Aribert von Ostrowski

Flughafen: Rotraut Fischer □, Stephan Huber □, Keith Sonnier □, Keiji Uematsu □ (weitere Werke: Hans Baschang, Rupprecht Geiger, Marie-Jo Lafontaine, Eduardo Paolozzi)

Forstenrieder Allee: Helmut Pfeuffer

Franziskanerstraße: Ernst Caramelle, Dietmar Tanterl

Frauenstraße: Rolf Szymanski □

Freisinger Landstraße: Rainer Wittenborn/Nikolaus Lang

Fritz-Hommel-Weg: Eduardo Paolozzi □

Fritz-Schäffer-Straße: s. Vereinte Versicherungen

Fürkhofstraße: s. Städtische Helen-Keller-Realschule

Fürstenfelder Straße: Aribert von Ostrowski □

Gasteig: Michael Croissant, Günther Förg □, Günther Förg, Rupprecht Geiger □, Stephan Kern, Per Kirkeby □, Alf Lechner (weitere Werke: Andreas Bindl, Ugo Dossi, Nikolaus Gerhart, Doris Hadersdorfer, Ulrich Horndash, Stephan Huber, Siegfried Kaden, Kurt Kraft/Verena Petz, Thomas Lehnerer, Alix Stadtbäumer, Peter Vogt u.a.)

Genzentrum: Eva-Maria Schön, Hermann Kleinknecht

Gertrud-Bäumer-Straße: Rune Mields

Geschwister-Scholl-Platz: Robert Schmidt

Goethe-Institut: Olaf Metzel □, Ulrich Rückriem □

Graubündener Straße: Fritz Koenig, Alf Lechner

Grünwalder Straße: Sarah Pelikan, Heinz Pfahler

Grundschule Allach: Norbert Prangenberg

Gustav-Heinemann-Ring: Albert Hien

Gymnasium Fürstenried-West: Fritz Koenig, Alf Lechner

Hansastraße: Katharina Grosse

Hauptbahnhof: Aribert von Ostrowski

Hedwig-Dransfeld-Allee: Roni Horn

Heimeranstraße: Luigi Mainolfi

Ludwigstraße: Beate Passow/Andreas von Weizsäcker
Luisenstraße: s. Lenbachhaus
Machtlfinger Straße: Rupprecht Geiger □
Marchioninistraße: Max Bill □
Mariahilfplatz: Lothar Fischer, Herbert Peters □
Marsplatz: Rudolf Wachter
Mathildenstraße: Leo Kornbrust
Maximilianeum: Alf Lechner □
Maximilianstraße: Heiner Blum
Max-Joseph-Platz: Fred Thieler □
Max-Planck-Straße: Alf Lechner □
Münchener Freiheit: Asta Gröting □
Münchener Rückversicherungs-Gesellschaft: Jonathan Borofsky □, Monika Huber, Susann Kretschmer/Fridhelm Klein, Maurizio Nannucci, Dietmar Tanterl/Ulrich Horndash
Münchner Straße: Rainer Fetting
Nordallee: Rotraut Fischer □, Keiji Uematsu □
Nordbad: Anne und Patrick Poirier □
Nordendstraße: Leo Kornbrust
Nymphenburger Straße: Aribert von Ostrowski
Oberfinanzdirektion: Angelika Bader/Dietmar Tanterl, Bodo Buhl, Stephan Huber, Ika Huber, Gerhard Merz □, Herbert Peters
Olympiapark: Rudolf Belling □, Fritz Koenig, Heinz Mack
Partnachplatz: Alfred Görig
Patentamt: s. Europäisches Patentamt
Pinakothek, Alte Pinakothek: Lorenzo Guerrini, Erich Hauser □, Alf Lechner, Henry Moore □, Eduardo Paolozzi, Rolf Szymanski, Hans Wimmer □
Pinakothek, Neue Pinakothek: Henry Moore, Toni Stadler (weitere Arbeiten: Marino Marini u.a.)
Pfarrer-Grimm-Straße: Lothar Fischer, Rotraut Fischer
Pontresinaweg: Alf Lechner
Preßburger Straße: Makoto Fujiwara
Preysingstraße: Alix Stadtbäumer
Prinz-Ludwig-Straße: Aribert von Ostrowski
Prinzregentenstraße: Beate Passow/Andreas von Weizsäcker
Promenadeplatz: Helmut Dirnaichner, Helmut Dirnaichner □, Giulio Paolini, Bernd Zimmer □
Residenztheater: Fred Thieler □ (weitere Arbeiten: Bernd Zimmer)

Richard-Strauss-Straße: Raimund Kummer, Marin Kasimir, Norbert Radermacher
Rindermarkt: Jutta Glöckner
Rosenheimer Straße: Albert Hien □; s. Gasteig
Rotkreuzplatz: Aribert von Ostrowski, Klaus Schultze □
Salvatorplatz: Jenny Holzer
Scheidplatz: Alexander Fischer
Schellingstraße: Alf Lechner, Beate Passow/Andreas von Weizsäcker
Schleißheimer Straße: Anne und Patrick Poirier □
Schlierseestraße: s. Anton-Fingerle-Berufsbildungszentrum
Schweizer Platz: Magdalena Jetelová □
Sederanger: Bernhard Heiliger □
Siemens AG: Mechthild Frisch, Rupprecht Geiger, Katharina Grosse, Marin Kasimir, Raimund Kummer, Marie-Jo Lafontaine □, Norbert Radermacher (weitere Arbeiten bei der Siemens AG, Richard-Strauss-Straße: Günther Förg, Sabine Groß, Sabine Kammerl u.a., Voranmeldung unter Tel. 92 21 26 13)
Staatskanzlei: Leo Kornbrust □
Stadtarchiv: Anne und Patrick Poirier □
Städtische Helen-Keller-Realschule: Thomas Barnstein, Michael Kramer
St. Martin-Straße: Marie-Jo Lafontaine □
St. Michael-Straße: Nikolaus Gerhart
Technische Universität: Rupprecht Geiger, Edgar Gutbub, Stephan Kern □
Tegernseer Landstraße: Rudolf Wachter □
Thalkirchener Straße: Fritz Koenig, Leo Kornbrust
Theresienstraße: s. Pinakothek, Technische Universität
Tucherpark: Bernhard Heiliger □, Fritz Koenig, Isamu Noguchi □, Toni Stadler □
Tübinger Staße: Katharina Grosse
U-Bahn-Stationen: Rupprecht Geiger □, Alfons Lachauer, Helmut Pfeuffer, Jan Roth
Ungererstraße: Hans Ladner, Eduardo Paolozzi □
Unsöldstraße: Igor Sacharow-Ross
Westendstraße: Luigi Mainolfi
Westenriederstraße: Rolf Szymanski
Westfriedhof: Nikolaus Gerhart □
Westpark: Jean Clareboudt, Makoto Fujiwara, Alf Lechner (weitere Arbeiten: Klaus Schultze u.a.)
Wettersteinplatz: Alfons Lachauer

Winzererstraße: Ben Muthofer
Wittelsbacherplatz: Mechtild Frisch, Rupprecht Geiger
Wolfgangstraße: Alix Stadtbäumer
Vereinte Versicherungen: Marco Gastini □, Albert Hien □, Leo Kornbrust, Maurizio Nannucci
Westpark: Jean Clareboudt, Makoto Fujiwara (weitere Arbeiten: Klaus Schultze u.a.)
Zwingerstraße: Rolf Szymanski □

Bildnachweis

Die Abbildungen im Einleitungsessay »Die Stadt ist meine Leidenschaft« verdanken wir folgenden Fotografen, Künstlern und Publikationen:
Josef H. Biller/Hans-Peter Rasp, *München. Kunst- und Kulturlexikon,* München 1994: S. 18, 19 oben, 19 unten, 22, 23 oben, 23 unten
Rupprecht Geiger, hrsg. v. Peter-Klaus Schuster, München 1988: S. 25
ohne Auftrag. Zur Geschichte des Kunsthandels, Bd. 1: München, hrsg. v. Rupert Walser und Bernhard Wittenbrink, München 1989: S. 26, 27 oben
Art Report 2, hrsg. v. Helge Achenbach, Düsseldorf 1991: S. 27 unten
Silke Eberspächer, München: S. 30
Peter Greenaway, *The Stairs,* Teil 2, München 1995: S. 33
Nikolaus Gerhart, Räume im Stein, Katalog, Göppingen / München 1992: S. 37
Das Gesicht einer Bank, hrsg. v. Bankhaus Maffei & Co., München o.J.: S. 39
Leopoldstraße 36, hrsg. von der Münchener Rückversicherungs-Gesellschaft, München 1995: S. 40
Octavian Stacescu, Düsseldorf: S. 41 oben
Gestaltete Räume in München 1984–92, hrsg. v. Büro Orange Siemens, München 1992: S. 41 unten
Rune Mields, Köln: S. 43

Die Fotos im Kapitel »Kunst für München« fotografierte Jörg Koopmann, außer:
S. 56, 58, 92, 130: Peter Neusser
S. 94: Waltraud Krase
S. 126: Rolf Poss

Stefan Müller-Naumann: Umschlagfoto

Impressum

Die vorliegende Publikation entstand auf Initiative der Stadträtin Dr. Sybille Groß und des berufsmäßigen Stadtrates Horst Haffner. Die vorbereitende Bestandsaufnahme besorgte Monika Pemler, Baureferat.

An der Auswahl der Kunstwerke waren beteiligt:
Helmut Friedel Lenbachhaus München,
Horst Haffner Baureferat der Landeshauptstadt München,
Michael Meuer Kulturreferat der Landeshauptstadt München,
Wolfgang Till Münchner Stadtmuseum

Realisiert mit Mitteln der Kulturstiftung der Stadtsparkasse München und des Kulturbaufonds München

Die Deutsche Bibliothek - CIP-Einheitsaufnahme
Giloy-Hirtz, Petra:
Wegweiser Kunst für München im öffentlichen Raum 1972 – 1997 / Petra Giloy-Hirtz. Hrsg. von Helmut Friedel. Im Auftr. der Landeshauptstadt München, Baureferat und Kulturreferat. –
München Hugendubel, 1997
ISBN 3-88034-957-6
NE: HST

Lektorat: Barbara Imgrund, München
Umschlaggestaltung und Layout: Peter Langemann, München, unter Verwendung eines Fotos von St. Müller-Naumann, © Münchener Rück
Produktion: Tillmann Roeder, München
Satz: SatzTeam Berger, Ellenberg
Druck und Bindung: Bosch Druck, Landshut
Printed in Germany

ISBN 3-88034-957-6

Notizen

Notizen